学芸会・発表会・演劇クラブ

演劇のプロがつくった 児童劇シナリオ

舞台の魔法で培う 対話力・共感力

原田　亮 著

JUVENILE PLAY SCENARIO

明治図書

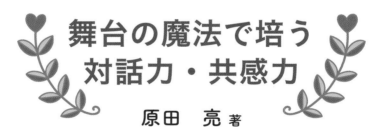

はじめに

演劇は「PLAY」＝「あそび」です。演劇は英語でPLAY。そして日本語であそびです。

わたしたちは演劇（あそび）を通して「対話力」を育み、「共感力」を身につけていきます。

お芝居はウソの世界。そのウソの世界で本気で表現すれば、そこは本物の世界へと変わります。舞台は通常板張りの床です。でも、役者が「ここは海の上だ！」と言えばそこは海になります。もう一人が「嵐が来るぞ！　みんな船から落ちるなよ。」と言えば彼らは嵐の大海原で、船から落ちないように踏ん張っている船員になります。彼らは嵐の海を想像・表現をして観客に伝えるのです。ウソの世界ですが、そこで必死になる船員たちを見て観客は「がんばれっ！」という気持ちになります。

その瞬間、舞台に魔法がかかるのです。

わたしは20代をイギリスとアメリカで過ごしました。生まれた環境も価値観も違う人たちの中で暮らすことはとても刺激的でしたが、大変だったのを覚えています。その中で演劇活動を通してお互いを知り、理解し、分かち合っていきました。自分が作品に関わる中で他者と「対話」をし、自分の演じる役と「対話」します。自分に似た部分と違う部分を「どうしてこんなことを言うんだろう。」「どんな考えをもっているのだろう。」と考えるのです。そして自分とは全く違う環境・性格をもった役を理解し、「共感」していくのです。

ここで言う「共感」とは自分とは違う人を理解することです。「同じ感情（同情）」ではなく、「共に感じてあげる」ということです。

子供たちは演劇を通して、自分に似た役や、違う役をやりながら「どうしてこの子はこんなことを言うんだろう。」「どんな気持ちなんだろう。」と「対話」をしていくことで、役の想いに「共感」していくのです。

学校生活の中で、様々な人たちと過ごす彼らにはとても必要な要素です。

そして、演出家（指導者）に大事なのは、子供たちに「教える」のではなく、子供たちと一緒に「対話」することです。「どうしてこんなことを言うんだろうね？」「どんな気持ちなのかな？」と聞いて、彼らの考えを待ってあげることが大切です。

8本の作品のほとんどは、小学校演劇クラブで子供たちと共に考え、語り合って生まれた作品たちです。

演劇は「あそび」。子供たちがイキイキ楽しい時間を過ごしてくれることを願っています。

原田　亮

目次

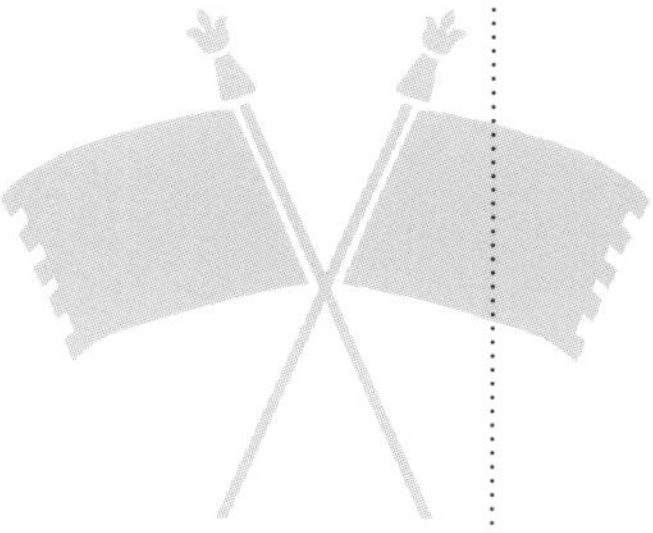
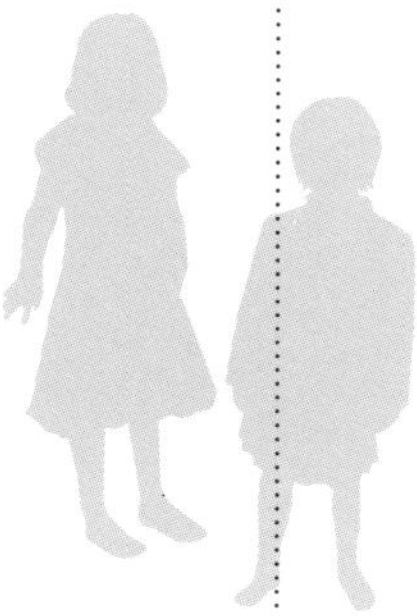

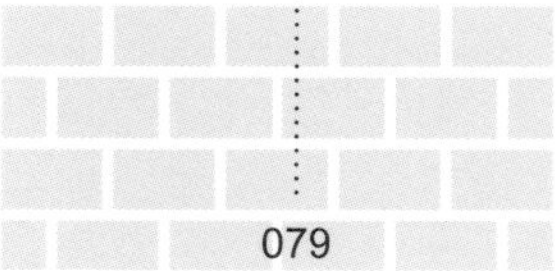

指導のポイント

低学年の指導

大事にしてもらいたいのは「楽しくやる！」に尽きます。子供たちが楽しくやることで必要なのは先生たちが褒めることです。ちょっとしたことでもまず褒めてあげる。「すごいね！」「素敵だね！」などです。先生の言葉で子供たちは自信をつけます。

また、重要なことは「ちゃんとやる」ことを求めないことです。「ちゃんとセリフが言えたね。」「ちゃんと立ってたね。」これはそんなに重要ではないです。それでも前を向いて言ってほしいところもあると思います。その時には「目の前に大きな木があると思って向かってしゃべってごらん。」など、説明ではなく体感させてあげることです。

中学年の指導

４年生ぐらいなると抽象的なことや客観性を捉えることができるようになってきます（もちろん成長度はそれぞれですが）。その時には、キャラクターと対話させてあげます。「どうしてこの役はこんなこと言うんだろうね？」「どんな気持ちなんだろう？」と先生たちが子供たちに投げかけてあげることです。演出とは演技の仕方を教えるのでなく、対話を促すことです。

また、「セリフを言う時、観客が見えるように前を向く。」をやりません。特に相手役がいるシーンで、顔が見えないからと前を向かせると、誰に言っているのかわからなくなります。最初は後ろを向いてもいいから相手役を見て言うことを心がけさせます。ミザンス（立ち位置）はその後でも十分間に合います。セリフは誰に言っているかが大切です。

高学年の指導

「対話」を繰り返します。「なんで？　どうして？　どんな気持ち？」この言葉を先生が、子供たちに聞くのです。先生（演出家）が答えを言わないことが大事です。

演じることが恥ずかしい子もいるかもしれません。その時は無理にやらさず、照明や音響、小道具を作る役をあげてもいいと思います。演出をやりたい子も出るかもしれません。演劇は総合芸術です。様々な役割をみんなで協力することで「誰も取り残されない場所」をつくりあげることができます。

先生は「教える」ことをやめて見守ってあげればいいのです。

演劇はだれかと「競争」するのではなく、みんなが一緒に「共走」する活動です。

1 大《おお》きな木《き》とぼく・わたし

主題　出会《であ》いと成長《せいちょう》
対象学年　低学年《ていがくねん》
人数　1クラス～学年《がくねん》　30人《にん》～120人《にん》
時間　30分《ぷん》
あらすじ　とある学校《がっこう》にある木《き》たちが、学校《がっこう》で過《す》ごす子供《こども》たちの日々《ひび》を見守《みまも》る様子《ようす》を描《えが》いた物語《ものがたり》。子供《こども》たちは、学校《がっこう》で初《はじ》めてのことに挑戦《ちょうせん》したり、楽《たの》しい思《おも》い出《で》をつくったりする。一方《いっぽう》で、時《とき》に寂《さび》しい思《おも》いをすることも。しかし、木《き》たちは子供《こども》たちを優《やさ》しく支《ささ》え、彼《かれ》らの成長《せいちょう》を見守《みまも》っています。
登場人物　子供《こども》たち・木《き》・木《き》に集《あつ》まる虫《むし》や動物《どうぶつ》たち・嵐《あらし》

一場　めざめ

あたたかい朝《あさ》。雀《すずめ》たちのやさしい歌声《うたごえ》が響《ひび》く。
ステージにすやすやと小《ちい》さくなって寝《ね》ている子供《こども》たち。
音楽《おんがく》。子供《こども》たちが起《お》き上《あ》がって、伸《の》びをする。
新《あら》たなはじまりである。
そこには4つの木《き》（子供《こども》たちが演《えん》じる）が座《すわ》っている。
子供《こども》たちがしゃべる。

1　おはよう
2　きょうからはじまり

●衣装：子供たちは私服で良い。木の役はポンチョに葉っぱをつける。

布でポンチョを作って葉っぱをつける

●木の役の子たちは台の上にいる。

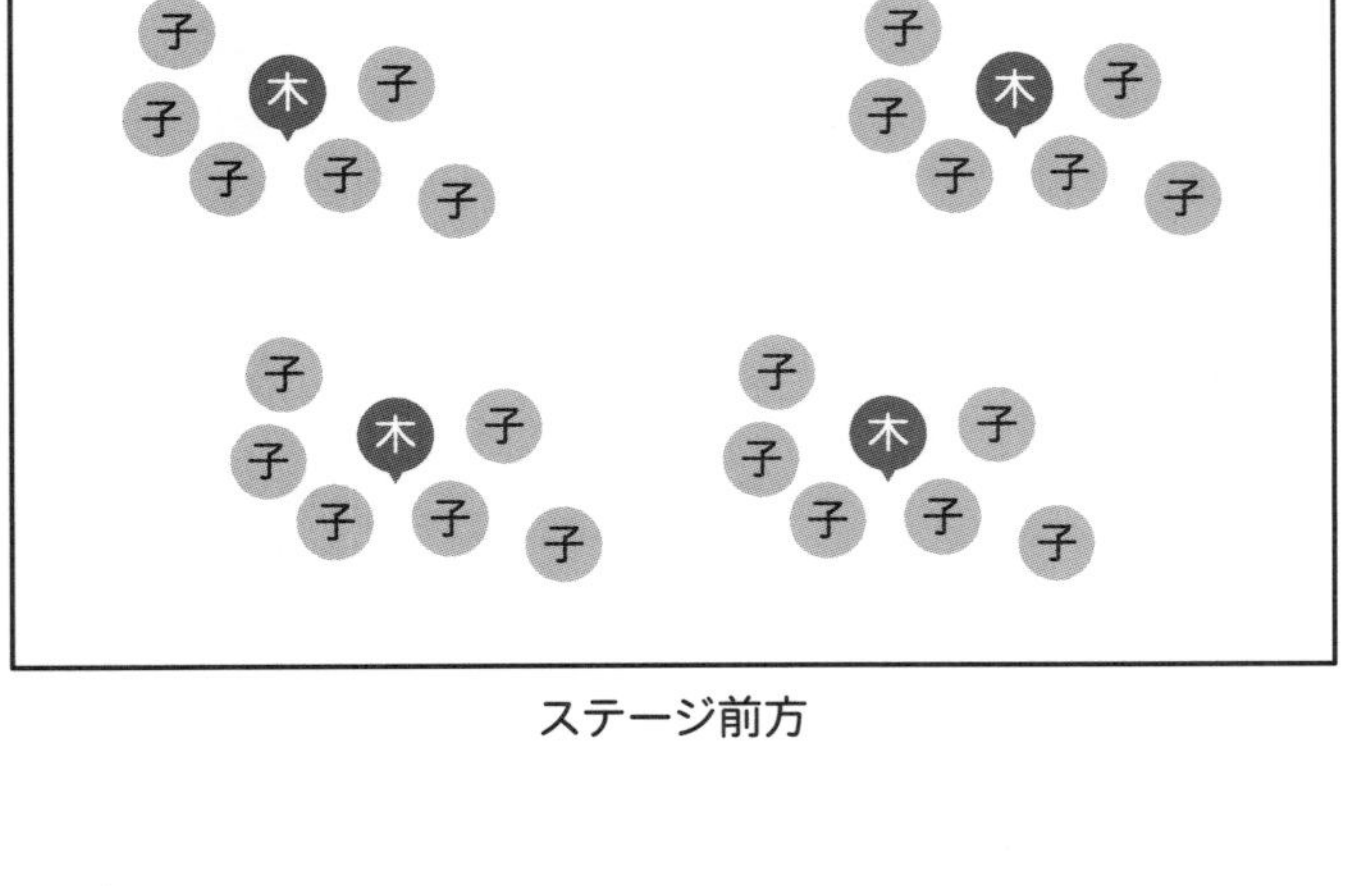
ステージ前方

3　ぼくたちの

4　わたしたちの

5　あたらしいはじまり

6　いままでとはちがう

7　ちょっとちがう

8　すっごくちがう

9　まいにちのはじまり

10　たくさんともだちをつくるんだ

11　これからよろしくね

12　よろしく

子供《こども》一人《ひとり》が前《まえ》に出《で》て来《き》て……

13　ぼく（わたし）のなまえは〇〇!!　あなたのなまえは？

何人《なんにん》かの子供《こども》たちが大《おお》きな声《こえ》で自分《じぶん》のなまえを言《い》う。

14　みんなおなじーねんせい

15　いっしょじゃないよ

16　いっしょだよ

17　そうかなぁ　でもやっぱりなにかがちがう

18　どこがちがうの？

- 音楽は基本歌のないものがいいと思う。
  【参考曲】映画「おおかみこどもの雨と雪」（細田守監督）のサウンドトラック。
- 木の役はクラスの人数によって増やしても良い。
- 参加人数が少ない場合は、セリフは一人の子が何個か言ったり、連続で言ったりする。

子供《こども》たちに自分《じぶん》と他《ほか》の子《こ》たちの違《ちが》いを聞《き》き出《だ》し、しゃべる。
１９～３１は例《れい》である。

19　かお
20　しんちょう
21　おとことおんな
22　ランドセルのいろ
23　とくいなこと
24　おきるじかん
25　ゆめ
26　すきなうた
27　こころ
28　なきかた
29　すきなもの
30　イメージ
31　さんすうがはやいひと　おそいひと
32　でもみんなおなじところあるよ　みんなーねんせい!!
33　うん　あたらしいおともだち
34　なかまだね
35　よろしく！

音楽《おんがく》。子供《こども》たちがなわとびや鬼《おに》ごっこと色々《いろいろ》な遊《あそ》びを始《はじ》める。

36　ねーねー　みんなでだるまさんがころんだやろうよ
全員《ぜんいん》　いいね！

一人《ひとり》が鬼《おに》になり、「だるまさんがラーメン食《た》べてる！」などと言《い》ったお題《だい》で周《まわ》りの子《こ》たちがまねっこをする。

何度《なんど》かやり、決《き》まった子《こ》が鬼《おに》にタッチ。

すると一人《ひとり》の子《こ》が木《き》の役《やく》の子《こ》を見《み》つける。

37　あれ？（小《ちい》さな芽《め》を発見《はっけん》）みんな！
38　どうしたの？
39　ねぇ、これみて　ちいさーい　（撫《な》でる）かわいいめ
40　ほんとうだぁ　あっ、そうだ！　ぼく（わたし）たちのあたらしいはじまりを
41　きねんにいっしょにそだてよう
42　きをそだてよう
43　いっしょにそだてよう

子供《こども》たちが小《ちい》さな芽《め》に水《みず》をあげるジェスチャー。

すると音楽《おんがく》。

木《き》の役《やく》の子《こ》が土《つち》からゆっくりと芽《め》が出《で》てくる動《うご》き。

とてもかわいい笑顔《えがお》をしている。

44　こんなにちいさいめ　まるでわたしたちみたい
45　おおきなおおきなきになるのかな？

46　おおきくそだつためには　なにがひつよう？

子供《こども》たちから聞《き》き出《だ》す。47～56は例《れい》である。

47　みず

48　たいよう

49　ひりょう

50　くうき

51　ひかり

52　やさしさ

53　ゆうだち

54　こころ

55　まほうのことば

56　わたしたち、みんな

一人《ひとり》が前《まえ》に出《で》て来《き》て、

57　きがおおきくなるにはきがよろこぶことをいってあげたらいいんじゃないかな？

58　たとえばなに？

何人《なんにん》かの子供《こども》たちが喜《よろこ》ぶことを言《い》う（これは友達《ともだち》や家族《かぞく》に伝《つた》えることにつながると良《よ》い）。

59～66は例《れい》である。

59 おおきくなーれ
60 ぜったいにまいにち、みずをあげるからね
61 がんばってね
62 りんごのきになってね
63 ずっといっしょにいようね　だいすきだよ
64 いっしょにねようね
65 ぜったいにまもるから
66 ありがとう

木《き》たちがまた少《すこ》し大《おお》きくなりうれしそうに揺《ゆ》れる。

67 どっちがさきにおおきくなるか　きょうそうだ！
全員《ぜんいん》 のびろのびろだいすきなき　のびろのびろだいすきなき

木《き》たちを残《のこ》して子供《こども》たちがはける。

二場　たくさんのはじめて

（音楽《おんがく》）子供《こども》たちが前《まえ》に出《で》て来《き》て、学校生活《がっこうせいかつ》で初《はじ》めて経験《けいけん》したことを語《かた》る。

68 がっこうにはたくさんのはじめてがある
69 はじめてのとうこう（例《れい》70〜78）

70　はじめておうちからでるとき　ママがしゃしんをとってバイバイしたよ

71　はじめてひとりであるいて　みちをまちがえないかふあんだった

72　がっこうってどんなところなんだろう

73　ともだちできるかなってドキドキした

74　しんぞうがとまりそうだった

75　みかんをとった　バッタにうんちされた

76　いしけり　ピンポンダッシュ　チョウチョをつかまえた

77　こうちょうせんせいにあいさつしたよ

78　どんなことがおこるかワクワクしたよ

79　はじめてのじゅぎょう（例《れい》80〜85）

80　ひらがなの「あ」がむずかしかった

81　せんせいのひらがなのじがうまかった

82　さんすうがむずかしかった　なんかいもなおされた

83　さいしょの3ぷんけいさんでドキドキした

84　おんがくやったよ　たいいくであそんだよ

85　さいしょはわからなかったけど　わかったときうれしかった

86　はじめてのきゅうしょく（例《れい》87〜93）

87　さいしょはパンとぎゅうにゅうだった

88　ぎゅうにゅうきつかった

89　パンとぎゅうにゅうだけっておもった

90　すくなかった　すぐおなかへっちゃった

91　きんちょうしてたべれなかった

92　パンをおとしちゃった！
93　みんなとたべるとおいしかった

94　いっぱいのはじめてで　たくさんのことをしったよ（例《れい》95〜103）
95　せんせいやともだちからたくさんのことをおしえてもらった
96　まちがえたことをすぐにおしえてくれた
97　おりがみのおりかた
98　べんきょうを　あそびをおしえてくれた
99　たまてばこのつくりかた
100　アマゾンジャングルはあぶないこと
101　ぼく（わたし）がさされたハチはアシナガバチってこと
102　つよくてもいい　よわくてもいい　さいごまでがんばればいい
103　ともだちをだいじにすること　いきものをだいじにすること

子供一人《こどもひとり》が舞台中央《ぶたいちゅうおう》に来《き》てみんなに、

104　ねーねー、きにもいっぱいのはじめてがあるのかな？
105　はじめてのたいよう
106　（木《き》）ありがとうっていえたよ
107　はじめてのかぜ
108　（木《き》）いっしょにおどったよ
109　はじめてのあめ
110　（木《き》）はなしをきいたよ
111　はじめて、とりたちにえだをさしだした

112 （木《き》）ありがとうっていわれた
113 はじめてイヌがおしっこをかけてきた
114 （木《き》）ゆるしてあげたよ
115 木《き》もいっぱいまなんでいるね
116 すごくかっこいいね
117 ぼく（わたし）はきみがすき
118 きみはだまっているし　いつもそこにいてくれる
119 ただなにもいえないし　うごけないんだよ
120 ほんとうにそうかな？
121 ぼく（わたし）からみたら
122 きみはやさしいこえでささやいている
123 きみはそらにむかってぐんぐんあるいているんだ
124 ときどきとりたちのきゅうけいばしょになったりして
125 ときどきみんなをあめからまもってあげたり
126 ときどききみんなのめじるしになったりしているんだ
127 ときどきおいしいおやつをくれたりね
128 いろいろなきみがいるんだね
129 ひとつとしておなじきみはいない
130 みんなみんなちがう
131 それがすばらしいことをおしえてくれる
132 ぼく（わたし）はきみからたくさんまなんでいるんだね
133 ぼく（わたし）はきみのことがだいすき
全員《ぜんいん》 のびろのびろだいすきなき　のびろのびろだいすきなき

木《き》はうれしそうに揺《ゆ》れてまた大《おお》きくなる。
子供《こども》たちがいなくなる。

三場　木《き》とともだち

音楽《おんがく》。子供《こども》たちが虫《むし》や鳥《とり》として登場《とうじょう》。木《き》との関《かか》わりを身体《からだ》で表《ひょう》現《げん》。

次《つぎ》の音楽《おんがく》で嵐《あらし》の子供《こども》たちが出《で》て来《き》て嵐《あらし》を表現《ひょうげん》。木《き》が虫《むし》や鳥《とり》たちを守《まも》る。じきに嵐《あらし》が止《や》む。

四場　詩《し》の群読《ぐんどく》『ありがとう』

音楽《おんがく》が鳴《な》り始《はじ》めると、子供《こども》たちが全員《ぜんいん》出《で》てくる。
横《よこ》から二人《ふたり》の子供《こども》たちが来《き》て、木《き》を捉《とら》える。

134　おおきくなったなぁ　ぐんぐんぐんぐんのびている
135　うん！　きみはいつもここにいてくれる
136　だからさびしくない　いつもそばにいてくれて
137　きみがここにいてくれてよかった
138　うん　本当《ほんとう》によかった
二人《ふたり》　よかったな

『ありがとう』　はらだりょう

- 虫や動物たちを子供たちが演じる。お面などはいらない。大切なのはそれになりきること。
- 嵐は、黒のビニールを被って木の周りを走り回る表現。
- 嵐が走ってる時は、木や動物たちはじっとしている。
- 詩は自分たちで選んでも、作っても良い。

子供《こども》たちで群読《ぐんどく》。

ありがとう　おはなたち
かえりみちに　さいていて
さびしくないよ
きみがにこにこ　わらってくれる

ありがとう　とりたち
あそんでるとき　とんでいて
おしえてくれる
きみのうたで　おうちへかえろう

ありがとう　おおきなき
あめがふったとき　たっていて
まもってくれる
きみのからだで　あしたもげんき

みんな　いてくれて
ありがとう
うごかないで　まっていてくれて
ありがとう
これからも　ずーっと
ありがとう

五場 きみのかぞく

音楽《おんがく》が鳴《な》る。
何人《なんにん》かの子供《こども》たちが前《まえ》に来《く》る。
途中《とちゅう》から他《ほか》の子《こ》たちがセリフを言《い》ってもよい。

139 でっかいなぁ！
140 ふっといなぁ！
141 すごいなぁ！
142 ほらあそこのきも
143 みて！　あっちのきも！
144 むこうにも！　いっぱいいいっぱいきみがいる

145 きがあつまってくるとはやしができる
146 はやしがあつまってくるともりができる
147 もりがあつまってくるとアマゾンができる！
148 だいかぞく！
149 ともだちもいっぱいだ！
150 やっぱり　みんないっしょがいいよね
151 でも　きみたちはいま　はなればなれにされている
152 きみはさびしそう
153 そこにきていた　ちょうちょたちも
154 とりたちも　おはなたちも
155 みんなきみがいなくてないている

156　みんなかぞくなのに
157　そんなのいやだ
158　きみはたくさんのことをぼく（わたし）たちにおしえてくれた
159　だいじにしなきゃ
160　かなしませちゃダメ
161　ダメだ！　きみはぼく（わたし）のだいじなおともだち
162　そうだよ！　もうひとりぼっちにしちゃだめだ
163　まもってあげなきゃ！
164　ぼく（わたし）たちができることをかんがえよう
165　もし　きみがひとりぼっちでいたら
166　ぼく（わたし）たちがだきしめてあげる
167　はなしかけてあげる
168　ぜったいにまもってあげる　ぜったいにひとりにしないよって

子供《こども》たちがまた木《き》に集《あつ》まって来《き》て太《ふと》い幹《みき》になり、４つの大《おお》きな木《き》ができる。

六場　ありがとう

女《おんな》の子《こ》（男《おとこ》の子《こ》）が来《き》て、

169　きさん　げんき？　おおきくなったね　はじめてあったときはこんなにちいさかったのにあっというまにわたし（ぼく）よりおおきくなっちゃったすごいな

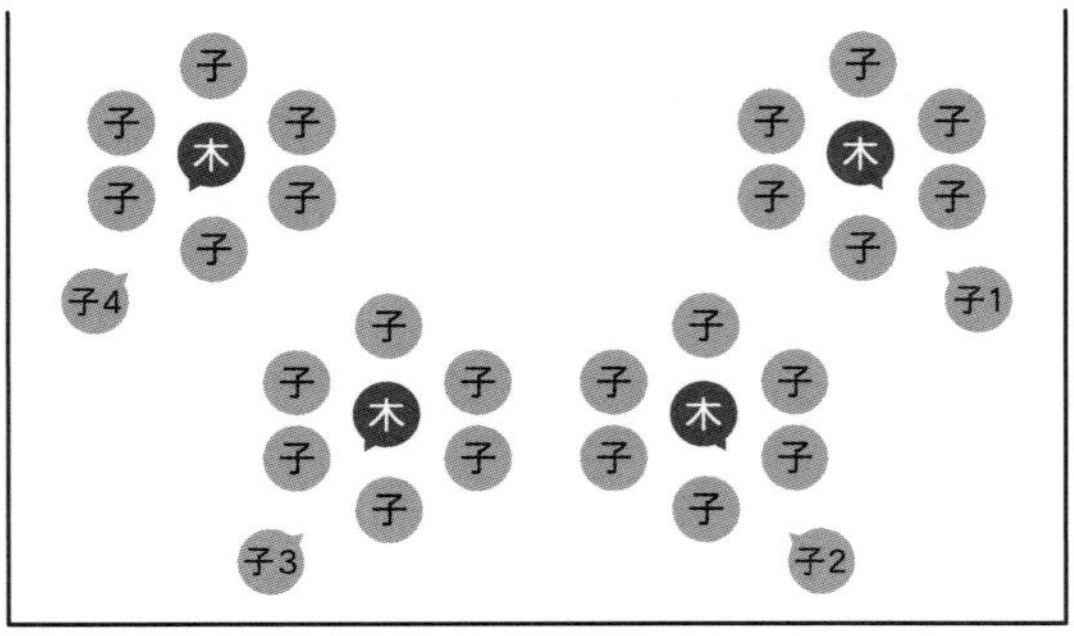

ステージ前方

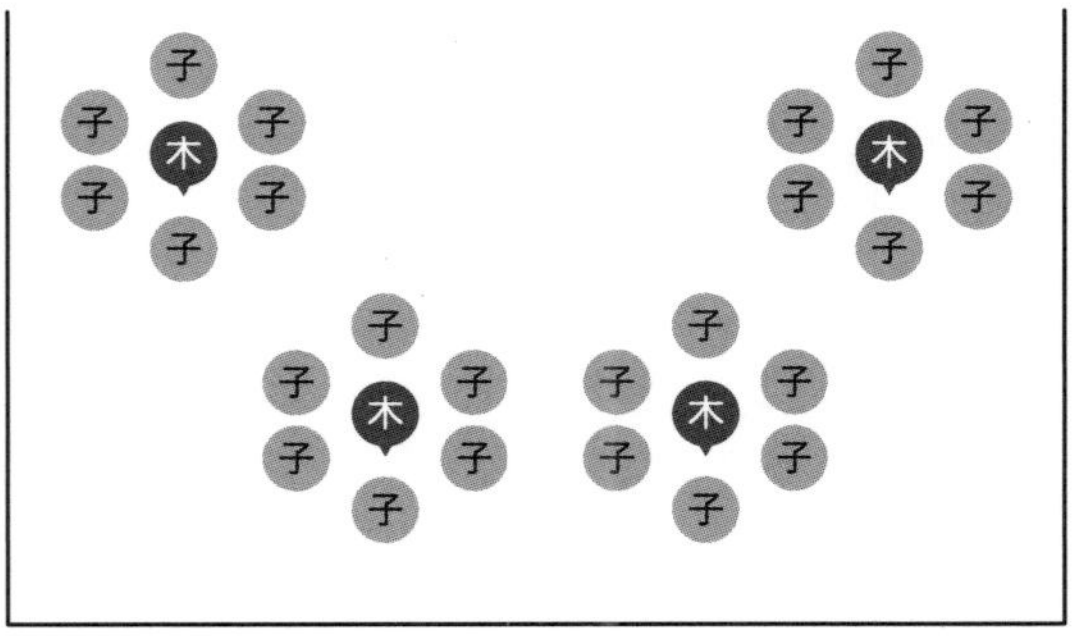

ステージ前方

170 （木《き》）いっぱいたべて　いっぱいねて　いっぱいあそんだらきみもおおきくなるよ

171 うん　じゃあ2ねんせいになったらおいこしてやる　またあしたね　バイバイ

その子《こ》は舞台《ぶたい》からはける。男《おとこ》の子《こ》（女《おんな》の子《こ》）が来《く》る。

172 きさん　きのうはおいしいおやつをありがとう

173 （木《き》）よろこんでくれてうれしいよ

174 すごくおいしかった　こんどはぼく（わたし）がおいしいおやつをもってくるね

175 （木《き》）たのしみにしてるね

176 またあしたね　バイバイ

その子《こ》は舞台《ぶたい》からはける。一人《ひとり》の男《おとこ》の子《こ》（女《おんな》の子《こ》）〇〇が来《き》て、

177 きさん　こんにちは　げんき？

178 （木《き》）げんきだよ　〇〇くん（ちゃん）は？

179 げんきじゃないの……あのね　きょう△△ちゃん（くん）とけんかしちゃったの　ほんとうはわるいとおもってるんだけど、あやまれなかったんだ　どうしよう

180 （木《き》）だいじょうぶ　ちゃんとごめんねっていえばいいんだよ

181　そうかなあ
182　（木《き》）うん　だいじょうぶ
183　そうかなあ　（大《おお》きな幹《みき》に背中《せなか》を向《む》けて座《すわ》る）

反対《はんたい》から男《おとこ》の子《こ》（女《おんな》の子《こ》）△△がやってくる。

184　あのね　きょう　○○くんとけんかしちゃった　ごめんねっていいたかったんだけどいえなかった　どうしよう
185　（木《き》）だいじょうぶ　△△ちゃんならちゃんとなかなおりできるよ
186　そうかなあ
187　（木《き》）うん　だいじょうぶ　ちゃんとそばにいてあげるから
188　そうかなあ　（大《おお》きな幹《みき》に背中《せなか》を向《む》けて座《すわ》る）

風《かぜ》の効果音《こうかおん》。
大《おお》きな木《き》が風《かぜ》に揺《ゆ》られる。

189　（木《き》）だいじょうぶ　きみならできる　ぼくはしってるよ　いつもそばにいたからね　きみならできるって

大《おお》きな木《き》は揺《ゆ》れる。すると上下手《かみしもて》から1匹《ひき》ずつチョウチョを演《えん》じる子《こ》たちが出《で》てきて、二人《ふたり》の周《まわ》りを飛《と》ぶ。二人《ふたり》はチョウチョに気《き》づき、目《め》で追《お》う。チョウチョは木《き》を通《とお》り過《す》ぎて舞台《ぶたい》真《ま》ん中《なか》で会《あ》っていなくなっていく。するとケンカしてしまった二人《ふたり》がお互《たが》いに気《き》づく。

二人《ふたり》　あっ！（二人《ふたり》は中央《ちゅうおう》に歩《ある》いていく）

190　△△ちゃん

191　○○くん……

二人《ふたり》　ごめんなさい　えっ？

二人《ふたり》は笑《わら》い、手《て》をつなぎ、木《き》に向《む》かって、

二人《ふたり》　ありがとう！

ほかの子供《こども》たちがゆっくり立《た》ち上《あ》がってくる。

七場　のびろのびろ大好《だいす》きな木《き》

みんなで大合唱《だいがっしょう》。曲《きょく》はなんでも良《よ》い。子供《こども》たちが楽《たの》しく歌《うた》える曲《きょく》。可能《かのう》であれば先生《せんせい》たちも楽器《がっき》か歌《うた》で参加《さんか》。

終《お》わり

●合唱曲は選んでもらって良い。

【参考曲】アン・サリー作曲・加藤勇喜作詞「のびろのびろだいすきな木」

2

らぶシン

主　題　夢《ゆめ》

対象学年　中学年《ちゅうがくねん》・高学年《こうがくねん》

人　数　1クラス　20人《にん》

時　間　20分《ぷん》

あらすじ　むかしむかしあるところに、シンデレラという名《な》の娘《むすめ》がいました。シンデレラは、父親《ちちおや》が再婚《さいこん》した継母《ままはは》とその連《つ》れ子《こ》にまるで召使《めしつか》いのように扱《あつか》われていました。そんなある日《ひ》、王国《おうこく》の王子《おうじ》が舞踏会《ぶとうかい》を開《ひら》くことになりました。ですが、シンデレラは行《い》かせてもらえません。そんな時《とき》、魔女《まじょ》がシンデレラに魔法《まほう》をかけて舞踏会《ぶとうかい》に行《い》けるようにしてくれました。シンデレラは王子《おうじ》と結《むす》ばれるのでしょうか。

登場人物　シンデレラ・悪姉《わるねえ》・魔法使《まほうつか》い・王様《おうさま》・執事《しつじ》・王子《おうじ》・大公《たいこう》

一場　シンデレラの毎日《まいにち》

舞台《ぶたい》の上《うえ》でシンデレラ（複数可《ふくすうか》）が寝《ね》ている。目覚《めざ》ましの音《おと》が鳴《な》り、シンデレラが起《お》き上《あ》がる。

シンデレラ（複数《ふくすう》）　こんな時間《じかん》だ！

音楽《おんがく》が始《はじ》まる。その中《なか》で日常《にちじょう》のジェスチャーを繋《つな》げた動《うご》きのダンス（皿洗《さらあら》い・はみがきなど（具体的《ぐたいてき》なほど良《よ》い））。ダンスをしてる中《なか》で、悪姉《わるねえ》（複数可《ふくすうか》）が別《べつ》の曲《きょく》の中登場《なかとうじょう》。

- 主役だけでなく他の役たちも主役みたいにみんなイキイキやることを目的にしている。
- 役は性別関係なく作っている。
- 舞台のセットは不要。
- 衣装は時代設定があるが、私服でも良い。ただ、可能であれば後から魔法使いが渡すシンデレラのドレスはあると良い。
- 王様や王子は王冠やマントをつけるとそれっぽくなる。
- 音楽は明るく早いテンポ。
- メインのシンデレラは一人だが、最初はそれ以外にも大勢（男女関係なく）シンデレラたちが寝ている。
- 子供たちにシンデレラの日常生活でやってるジェスチャー（皿洗いや床掃除、はみがきなど）を考えてもらい、それを繋げてダンスジェスチャーにする。1ジェスチャーで4~8カウント。

二場　悪姉《わるねえ》たち

ジェスチャーダンスの曲《きょく》から悪姉《わるねえ》たちの登場曲《とうじょうきょく》に変《か》わる。

悪姉《わるねえ》　（袖《そで》から）シンデレラ！　シンデレラ！

悪姉登場《わるねえとうじょう》。
悪姉《わるねえ》にシンデレラ（一人《ひとり》につき一人《ひとり》）が後《うし》ろにつく。悪姉《わるねえ》たちはそれぞれ自分《じぶん》のシンデレラに命令《めいれい》する。
「洗濯物《せんたくもの》持《も》って行《い》って！」「アイロンをかけて！」「庭《にわ》の草《くさ》むしりして！」など。声《こえ》はバラバラで良《よ》い。シンデレラは「はい！」と返事《へんじ》して、ジェスチャーを繰《く》り返《かえ》しながら悪姉《わるねえ》たちの後《うし》ろを歩《ある》く。良《よ》きタイミングで悪姉《わるねえ》が、

悪姉《わるねえ》　シンデレラ！　本当《ほんとう》にあんたは役立《やくた》たず！

シンデレラ（複数《ふくすう》）　すみません。

シンデレラと悪姉《わるねえ》が止《と》まる。すると別《べつ》の曲《きょく》が流《なが》れて、上手前《かみてまえ》に王《おう》様《さま》、下手前《しもてまえ》に執事《しつじ》が登場《とうじょう》する。

三場　王様《おうさま》と執事《しつじ》

王様《おうさま》　言《い》い訳《わけ》は聞《き》き飽《あ》きた。息子《むすこ》は王子《おうじ》として自覚《じかく》が全《まった》くない！　あいつは結婚《けっこん》しないのか？

- 悪姉登場曲は映画「スターウォーズ」（ジョージ・ルーカス監督）のダースベイダーの登場曲など。
- 悪姉の人数は複数可。

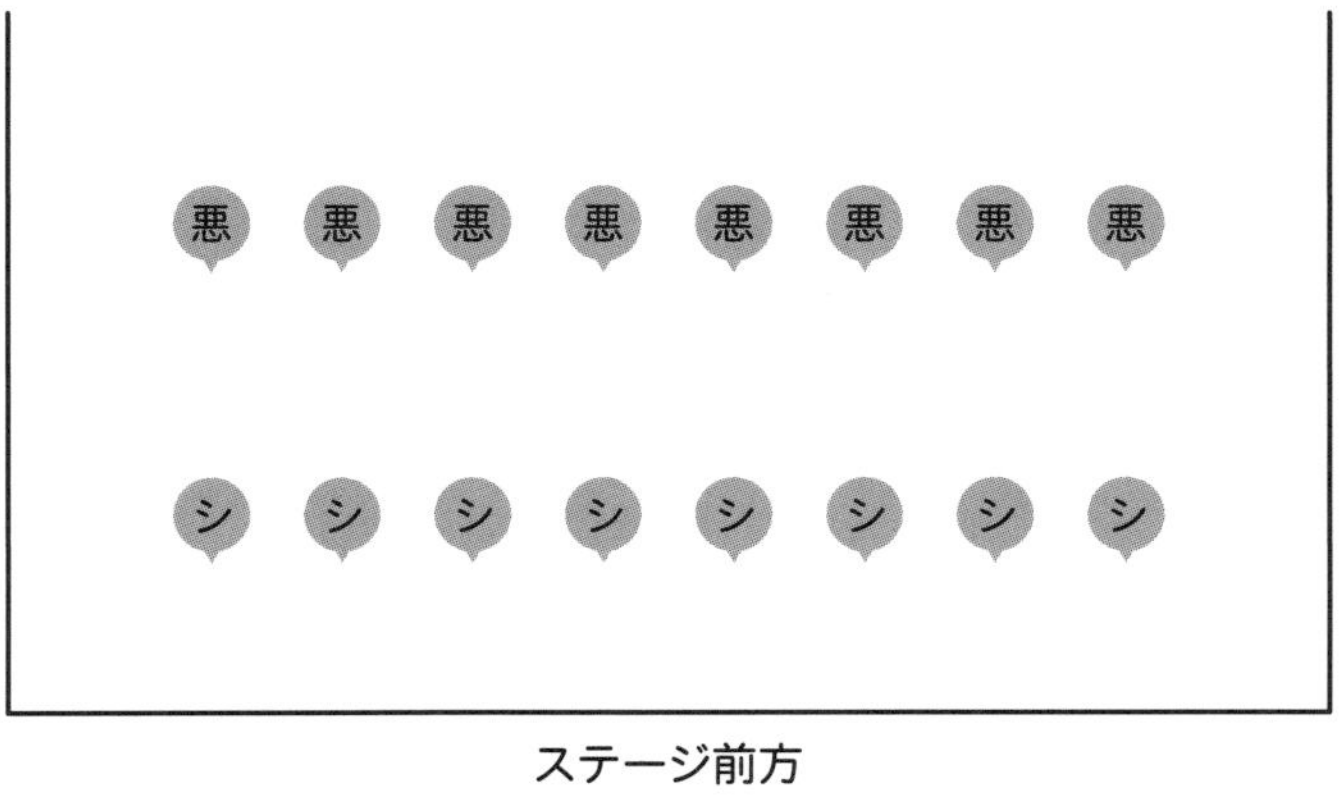

- 良きタイミングを取るのが難しければ、音楽が止まることをきっかけにしてあげる。

執事《しつじ》　しばしご辛抱《しんぼう》を……。
王様《おうさま》　もうできぬ！
執事《しつじ》　お気持《きも》ちはわかります。
王様《おうさま》　お前《まえ》にわしの気持《きも》ちがわかるもんか。（泣《な》く）
執事《しつじ》　泣《な》かないでくださいませ。陛下《へいか》、そんなに結婚《けっこん》を急《せ》かさずに。放《ほお》っておいたらいつか王子《おうじ》も結婚相手《けっこんあいて》を見《み》つけてくるでしょう。
王様《おうさま》　放《ほお》っておくだと!?　それでロマンスが生《う》まれると？
執事《しつじ》　はい。いつかきっと恋《こい》がめばえ、きっと結婚《けっこん》に。
王様《おうさま》　恋《こい》なあ。それとて、出会《であ》いの場《ば》は必要《ひつよう》だろう。それならその条件《じょうけん》を作《つく》ってやるか？
執事《しつじ》　そんなことやったら「ぼくはもう子供《こども》じゃない！」ってまた王子《おうじ》に怒《おこ》られますよ。
王様《おうさま》　何《なに》を言《い》う！　王子《おうじ》は今日城《きょうしろ》にもどってくるのであろう？　……では、今夜帰国祝《こんやきこくいわ》いの舞踏会《ぶとうかい》を開《ひら》こう！
執事《しつじ》　こ、今夜《こんや》ですか？
王様《おうさま》　今夜《こんや》だ！　王国《おうこく》の年頃《としごろ》の娘全員集《むすめぜんいんあつ》めろ。よいな！　そうしたら、恋《こい》が生《う》まれるやもしれぬ。がはははは。（はける）
執事《しつじ》　そんなうまくいくかな。（はける）

王様《おうさま》と執事《しつじ》が去《さ》ったあと、ドアを叩《たた》く音《おと》。舞台袖《ぶたいそで》から「王宮《おうきゅう》から参《まい》りました。」シンデレラと悪姉《わるねえ》たちが手紙《てがみ》を開《ひら》くジェスチャー。

全員《ぜんいん》　王子様《おうじさま》の帰国祝《きこくいわ》いにより、舞踏会《ぶとうかい》を行《おこな》う。王様《おうさま》の命令《めいれい》により年頃《としごろ》の娘《むすめ》たちは全員出席《ぜんいんしゅっせき》せよ。

● 全員で読むが「せーの」と言うかけ声をかけずに読めると良い。

全員《ぜんいん》が大喜《おおよろこ》びをする。音楽《おんがく》が始《はじ》まり、舞台《ぶたい》にドレスが来《く》る。一人《ひとり》一人《ひとり》がドレスをとり、舞台《ぶたい》でポーズをしてはける。一人《ひとり》のシンデレラだけドレスがない。最後《さいご》、悪姉《わるねえ》一人《ひとり》がはけようとするところで、

シンデレラ　あのう。わたしだけドレスがないんですけど。。。

悪姉《わるねえ》　あら！　じゃあ、あんたは行《い》けないわね！　アハハハハ。（はける）

舞台《ぶたい》には一人《ひとり》のシンデレラだけが残《のこ》される。舞踏会《ぶとうかい》に行《い》けないシンデレラは泣《な》き始《はじ》める。そこにほうきで掃除《そうじ》をしながら魔法使《まほうつか》いが登場《とうじょう》。泣《な》いてるシンデレラに気《き》づく。

四場　魔法使《まほうつか》い

魔法使《まほうつか》い　どうしたの？

シンデレラ　（泣《な》いている）

魔法使《まほうつか》い　どうしたの～？

シンデレラ　（泣《な》いている）

魔法使《まほうつか》い　どうしたの～～～～？

シンデレラ　ほっといてよ。

魔法使《まほうつか》い　わかったわよ。（去《さ》ろうとするがパッと戻《もど》り）どうしたの～～～～～？

シンデレラ　わたしだけ舞踏会《ぶとうかい》に行《い》けないの。

魔法使《まほうつか》い　あら、それは残念《ざんねん》ね。パーティー行《い》けないの、わたしもよ。

●ドレスがなければお気に入りの洋服で良い。

●魔法使いも人数は何人かいてセリフをふっても良いし、一人でも良い。

●衣装は帽子などをかぶるとさまになる。

シンデレラ　わたしだけドレスがなくて。
魔法使い《まほうつかい》　あら、そんなこと！　それだったらわたしに任《まか》せて。（魔法《まほう》を使《つか》うジエスチャー）ビビデバビデブ～！（長い間《ながいあいだ》）……アハハそんな魔法《まほう》使《つか》えないんだけどね。（袖《そで》にドレスを取《と》りに行《い》く）はい。どうぞ。
シンデレラ　ありがとう。（その場《ば》で着《き》ようとする。魔法使《まほうつか》いが手伝《てつだ》う）
魔法使い《まほうつかい》　（手伝《てつだ》いながら）わたしも昔《むかし》これ着《き》てたわぁ。懐《なつ》かしいわね。これ着《き》て素敵《すてき》な男性方《だんせいかた》と踊《おど》ったのよぉ。
シンデレラ　じゃあ、これって……。
魔法使い《まほうつかい》　わたしのお・ふ・る。
シンデレラ　……。
魔法使い《まほうつかい》　準備《じゅんび》できたわよ。うん。似合《にあ》ってるわよ。わたしほどじゃないけどね。そうね。……65点《てん》。……合格《ごうかく》よ！
シンデレラ　ありがとう。
魔法使い《まほうつかい》　じゃあ、行《い》ってらっしゃい。魔法《まほう》で馬車《ばしゃ》とか出《だ》せないから、ダッシュで行《い》ってきなさい。
シンデレラ　じゃあ、行《い》ってくる。
魔法使い《まほうつかい》　ちょっと待《ま》って。
シンデレラ　なに？
魔法使い《まほうつかい》　うーんとね。……12時前《じまえ》には帰《かえ》ってくるのよ！
シンデレラ　なんで？
魔法使い《まほうつかい》　……なんとなく。

シンデレラはける。魔法使《まほうつか》いもはける。

五場　舞踏会《ぶとうかい》

音楽《おんがく》が流《なが》れると舞台《ぶたい》に王子《おうじ》と大公《たいこう》がいる。向《む》かい側《がわ》には娘《むすめ》たちが並《なら》んでいる。大公《たいこう》が一人一人《ひとりひとり》の娘《むすめ》たちの自己紹介《じこしょうかい》をする。この名前《なまえ》は子供《こども》たちが考《かんが》えると良《よ》い。

大公《たいこう》　レノア・フレッシュ・クリーン嬢《じょう》、アクア将軍《しょうぐん》の長女《ちょうじょ》。

レノア　はい！（王子《おうじ》にアピール）

王子《おうじ》　（興味《きょうみ》がない感《かん》じで挨拶《あいさつ》）どうも。

子供《こども》たちが考《かんが》えた名前《なまえ》を大公《たいこう》が呼《よ》んで、娘《むすめ》たちがアピール。王子《おうじ》は興味《きょうみ》なしの挨拶《あいさつ》を適当《てきとう》にやる。良《よ》きタイミングで上手《かみて》に王様《おうさま》、下手《しもて》に執事《しつじ》が登場《とうじょう》。

王様《おうさま》　あの王子《おうじ》の対応《たいおう》見《み》てみろ。王子《おうじ》がほれる娘《むすめ》なんていないではないか!!

執事《しつじ》　ご忠告《ちゅうこく》しましたでしょう。そんなにうまく王子《おうじ》の結婚相手《けっこんあいて》が見《み》つかるはずがございません。（上手《かみて》にシンデレラが登場《とうじょう》）急《きゅう》に王子《おうじ》が顔《かお》を上《あ》げたその先《さき》に、なんとそこには美《うつく》しい娘《むすめ》がちょうど立《た》っていた！　なーんて夢物語《ゆめものがたり》みたいな話《はなし》が、あるわけがないではありませんか。失敗《しっぱい》と落胆《らくたん》があるのみです。

王様《おうさま》　失敗《しっぱい》だと！　見《み》てみろ！　夢《ゆめ》じゃない、現実《げんじつ》だ。あの娘《むすめ》の名《な》はなんという？　どこの娘《むすめ》だ？

執事《しつじ》　存《ぞん》じておりません。

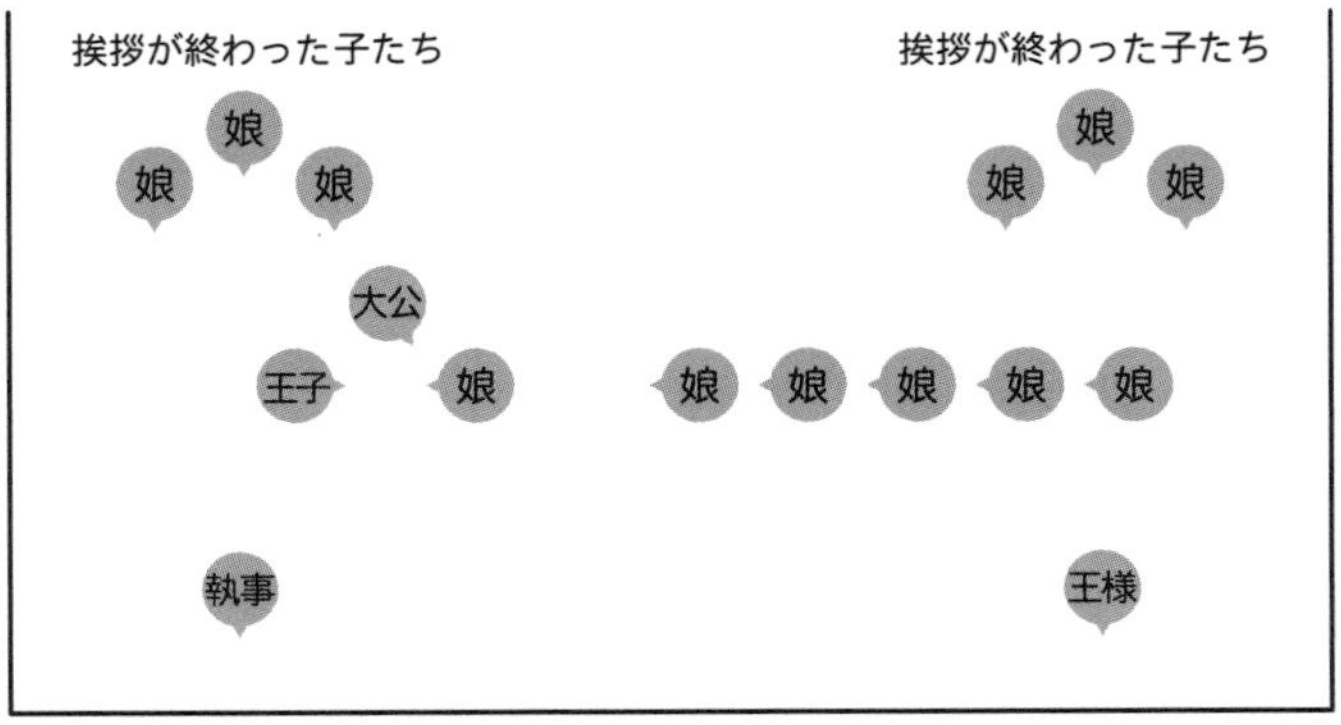

ステージ前方

●執事のセリフに合わせてシンデレラと王子が動く。

●王様たちの会話の途中で王子が気づき、シンデレラに近づく。

王子《おうじ》　一緒《いっしょ》に踊《おど》っていただけますか?

シンデレラ　はい。

王子《おうじ》とシンデレラが一緒《いっしょ》に踊《おど》る。悪姉《わるねえ》たちは見《み》ている。
すると、12時《じ》の鐘《かね》の音《おと》。

シンデレラ　あ! こんな時間《じかん》。わたしはもう行《い》かなくては。ごめんなさい。

王子《おうじ》　どこへ行《い》くのですか? 待《ま》ってください。なぜ行《い》かないとダメなのですか?

シンデレラ　(考《かんが》える)……なんとなく?(はける)

王子《おうじ》　待《ま》ってください!(シンデレラを追《お》う)

悪姉《わるねえ》たち　王子様《おうじさま》、待《ま》ってください! 次《つぎ》はわたしと!(王子《おうじ》を追《お》う)

追《お》いかけっこ音楽《おんがく》。シンデレラー王子《おうじ》ー悪姉《わるねえ》たちー王《おう》と執事《しつじ》の順《じゅん》で追《お》いかけっこ。
シンデレラが一人《ひとり》戻《もど》ってきて転《ころ》ぶ。靴《くつ》が脱《ぬ》げる。(暗転《あんてん》)

王子《おうじ》　(袖《そで》から)どこですか? 待《ま》ってください。

シンデレラは靴《くつ》を置《お》いてはける。
王子《おうじ》が靴《くつ》を見《み》つける。

王子《おうじ》　これは彼女《かのじょ》が落《お》とした運動靴《うんどうぐつ》だ! ……よし!(はける)

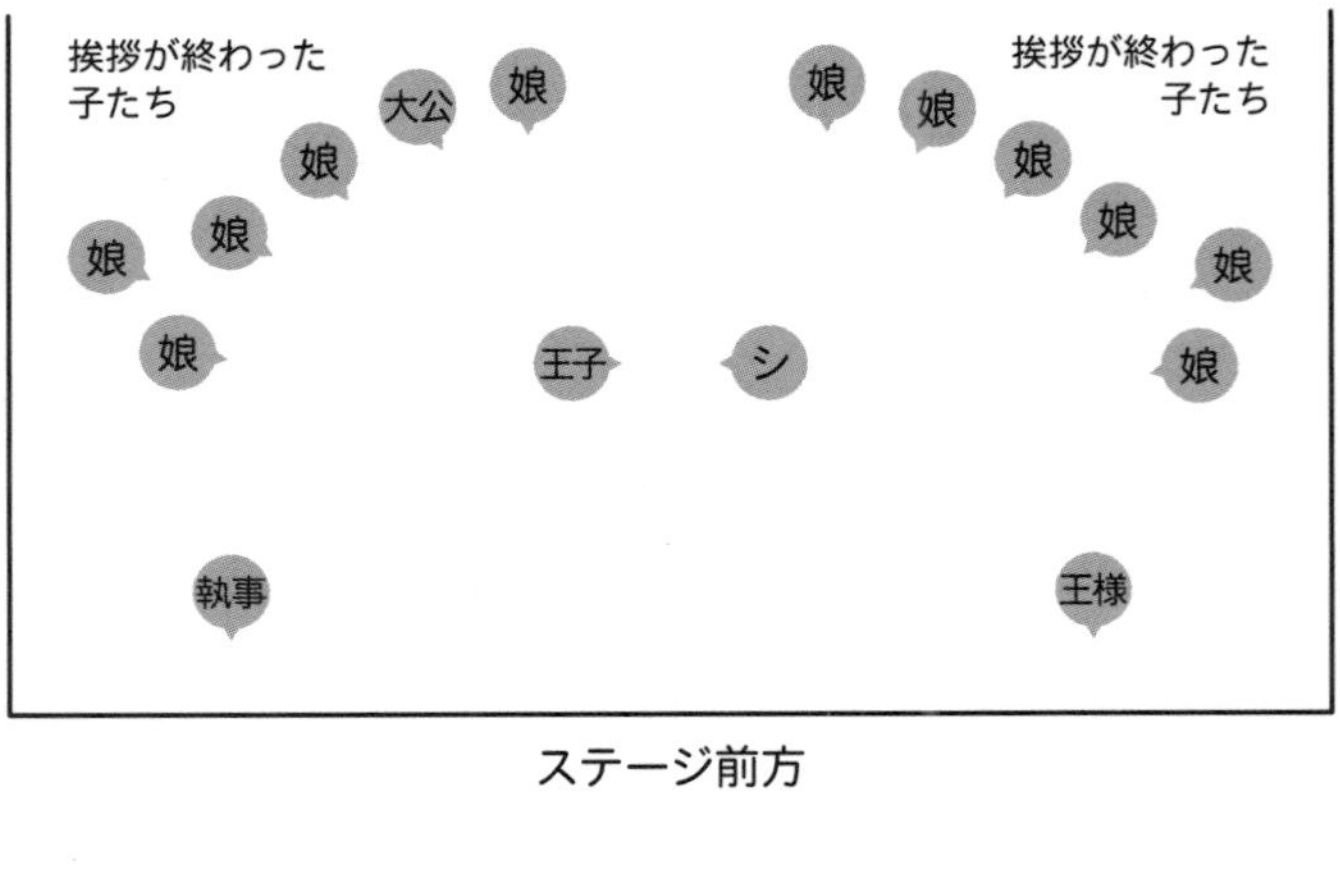

ステージ前方

● おいかけっこは「待って-!」など言いながら上手にはけ、また上手ー下手など動きを入れる。

● 暗転が難しければ、王子がはけるでも良い。

● 運動靴は上履きでもよい。

暗転《あんてん》。

六場

運動靴《うんどうぐつ》

明《あ》かりが戻《もど》ると、シンデレラや悪姉《わるねえ》たち（複数可《ふくすうか》）が舞台《ぶたい》に立《た》っている。魔法使《まほうつか》いが立《た》っていてもおもしろい。全員靴《ぜんいんくつ》を片方《かたほう》しか履《は》いてない。
大公《たいこう》の次《つぎ》のセリフの中《なか》、王子《おうじ》とたくさんの他《ほか》の王子《おうじ》たちが娘《むすめ》たちの片方《かたほう》の靴《くつ》を持《も》って登場《とうじょう》する。何人《なんにん》かの子《こ》たちに靴《くつ》を合《あ》わせる。

大公《たいこう》　忠実《ちゅうじつ》なる人民《じんみん》に告《つ》げる。王子《おうじ》たちは女性《じょせい》を探《さが》しておられる。手《て》がかりはこの運動靴《うんどうぐつ》である。国中《くにじゅう》の女性《じょせい》にこの運動靴《うんどうぐつ》を履《は》かせ、足《あし》にピッタリ合《あ》う女性《じょせい》が現《あらわ》れるであろう。その女性《じょせい》は祝福《しゅくふく》され、王宮《おうきゅう》に迎《むか》えられる。なぜならその女性《じょせい》と王子《おうじ》は強《つよ》く結婚《けっこん》を望《のぞ》んでいる。国《くに》をあげての結婚式《けっこんしき》になるだろう。以上《いじょう》!!

大公《たいこう》のセリフの最後《さいご》に合《あ》わせて、王子《おうじ》たちは自分《じぶん》のペアを見《み》つける。音楽《おんがく》が鳴《な》る。全員《ぜんいん》でダンス。

終《お》わり

- たくさんの王子は最初にシンデレラたちや悪姉たちだった子たちがやっても良い。
- 大公のセリフに合わせて何人かの子たちと靴を合わせる、合わないを繰り返す。タイミング良いところでペアになる。
- ダンスは子供たちが好きな曲で自分たちや先生が考えて良い。
- 大事なのは楽しく踊ること。
- 本シナリオはグリム童話の『シンデレラ』を参考にしている。

3 カラー

主題　多様性《たようせい》
対象学年　中学年《ちゅうがくねん》・高学年《こうがくねん》
人数　1クラス　13人《にん》〜15人《にん》
時間　35分《ふん》
あらすじ　あるところにコローレ国《こく》がありました。そこにはチームビアンコとノワール団《だん》という二《ふた》つのグループがありました。二《ふた》つのグループはお互《たが》いのカラーが違《ちが》うという理由《りゆう》で昔《むかし》から分断《ぶんだん》していました。二《ふた》つのグループは仲良《なかよ》く暮《く》らすことはできないのでしょうか。
登場人物　グレー・白《しろ》1〜6・黒《くろ》1〜6・司会者《しかいしゃ》

一場　一人一人《ひとりひとり》

役者《やくしゃ》たちが一人一人《ひとりひとり》横並《よこなら》びで立《た》っている。皆《みな》、それぞれ白《しろ》と黒《くろ》の服《ふく》を着《き》ている。一人《ひとり》だけグレーの服《ふく》を着《き》ている。皆《みな》の名前《なまえ》はカラーである。それぞれが名前《なまえ》を言《い》い終《お》わったら、グレーを残《のこ》して上《かみ》下手《しもて》に分《わ》かれて立《た》つ。

●上手に白。下手に黒。中央にグレー。

グレー　（観客《かんきゃく》に向《む》かって）どうも皆《みな》さんこんにちは。わたしはグレーです。（自《じ》分《ぶん》の服《ふく》を見《み》て）まぁ、色《いろ》のまんまですね。覚《おぼ》えて帰《かえ》ってね。わたしはグレー。わたしたちの国《くに》、コローレ国《こく》では自分《じぶん》の名前《なまえ》が色《いろ》なんです。わたしはグレー。あなただったら自分《じぶん》に何色《なにいろ》の名前《なまえ》をつけますか？　ちょっと考《かんが》えてみてください。この物語《ものがたり》はそんな色《いろ》の二《ふた》つのグループのお話《はなし》。チームビアンコと

●グレーの役が二〜三人になっても良い。

ノワール団《だん》。イタリア語《ご》で白《しろ》とフランス語《ご》で黒《くろ》。ここは作者《さくしゃ》のこだわりなんだって。わたしは「そこは白《しろ》と黒《くろ》でよくない？」って言《い》ったんですけど、「いや、そこはかっこいいのがいい」って熱《あつ》く語《かた》っていたんで。まっ、わたしはどうでもいいんですけど……。あっ！　話《はなし》がそれましたね。この二《ふた》つは永《なが》い歴史《れきし》の中《なか》ずーっとケンカをしているんです。理由《りゆう》ですか？　……さあ、知《し》りません。（白《しろ》と黒《くろ》を見《み》て）知《し》ってる？

白黒《しろくろ》グループ　（振《ふ》り向《む》いて）知《し》らない！

グレー　じゃあ仲良《なかよ》くしたら？

白黒《しろくろ》グループ　無理《むり》!!（お互《たが》いにらみ合《あ》う）

グレー　なんで？

白《しろ》1　だって、違《ちが》うもん。

黒《くろ》1　あいつらとわたしたちは違《ちが》う。

白《しろ》2　違《ちが》うやつらと仲良《なかよ》くなんてなれないよ。

黒《くろ》2　一緒《いっしょ》にいると思《おも》うだけで寒気《さむけ》がするわ。

白《しろ》3　気持《きも》ち悪《わる》う。

黒《くろ》3　吐《は》き気《け》がする。

白《しろ》4　それにみんなが嫌《きら》いだから、

黒《くろ》4　わたしも大嫌《だいきら》い！

全員《ぜんいん》　あぁっ!!

白《しろ》と黒《くろ》の抗争《こうそう》ダンス。

●ダンスはなくても大丈夫。

グレー　まぁ、こんな感《かん》じです。お父《とう》さん、おじいちゃんの代《だい》から理由《りゆう》はわからないけど、憎《にく》しみ合《あ》ってきたんだから当然《とうぜん》自分《じぶん》たちも嫌《きら》いだそうです。この状態《じょうたい》がもう何十年《なんじゅうねん》、何百年《なんびゃくねん》と続《つづ》いているのです。しかし今《いま》、この国《くに》は一《ひと》つの危機《きき》を迎《むか》えています。

明《あ》かりがチームビアンコとノアール団《だん》の方《ほう》に向《む》けられる。白《しろ》と黒《くろ》はお互《たが》いグループで話《はな》している。しかし、話《はな》していることは一緒《いっしょ》である。

白《しろ》5　ねえ、新聞見《しんぶんみ》た？
白《しろ》6　ああ、アメリア国《こく》が隣《となり》の国《くに》を侵略《しんりゃく》した記事《きじ》ね。
黒《くろ》5　この国《くに》も危《あぶ》ない。
黒《くろ》6　早《はや》くなんとかしないと。
白《しろ》1　でもどうするよ？
黒《くろ》1　早《はや》く国《くに》の代表《だいひょう》を決《き》めないと。
白《しろ》2　わたしたち、ビアンコがなるべきだよね。
黒《くろ》2　わたしたち、ノアールだったらアメリアに勝《か》てるよ。
黒《くろ》6　その為《ため》にもどうしても次《つぎ》の選挙《せんきょ》で勝《か》たないと。
白《しろ》3　勝《か》ってわたしたちが国《くに》のダンス代表《だいひょう》になれば。
白《しろ》4　そうすれば、あいつらを追《お》い出《だ》すことができる。
黒《くろ》4　追《お》い出《だ》してアメリアとダンスバトルができる！
黒《くろ》5　わたしたちだったら絶対《ぜったい》に勝《か》てるよ。
白《しろ》5　あいつらなんかよりわたしたちのほうが絶対《ぜったい》に良《い》いに決《き》まってる。
白《しろ》6　そのために今度《こんど》の第《だい》195回《かい》の選挙《せんきょ》で勝《か》たないとね。
黒《くろ》3　何十年《なんじゅうねん》も同数《どうすう》で決《き》まらなかったからな。今度《こんど》こそは！

- 照明がなければなしでも大丈夫。
- セリフは円になって練習するのが良い。その時に大事なのは自分が誰に言っているかを決めてその人を見てしゃべること。

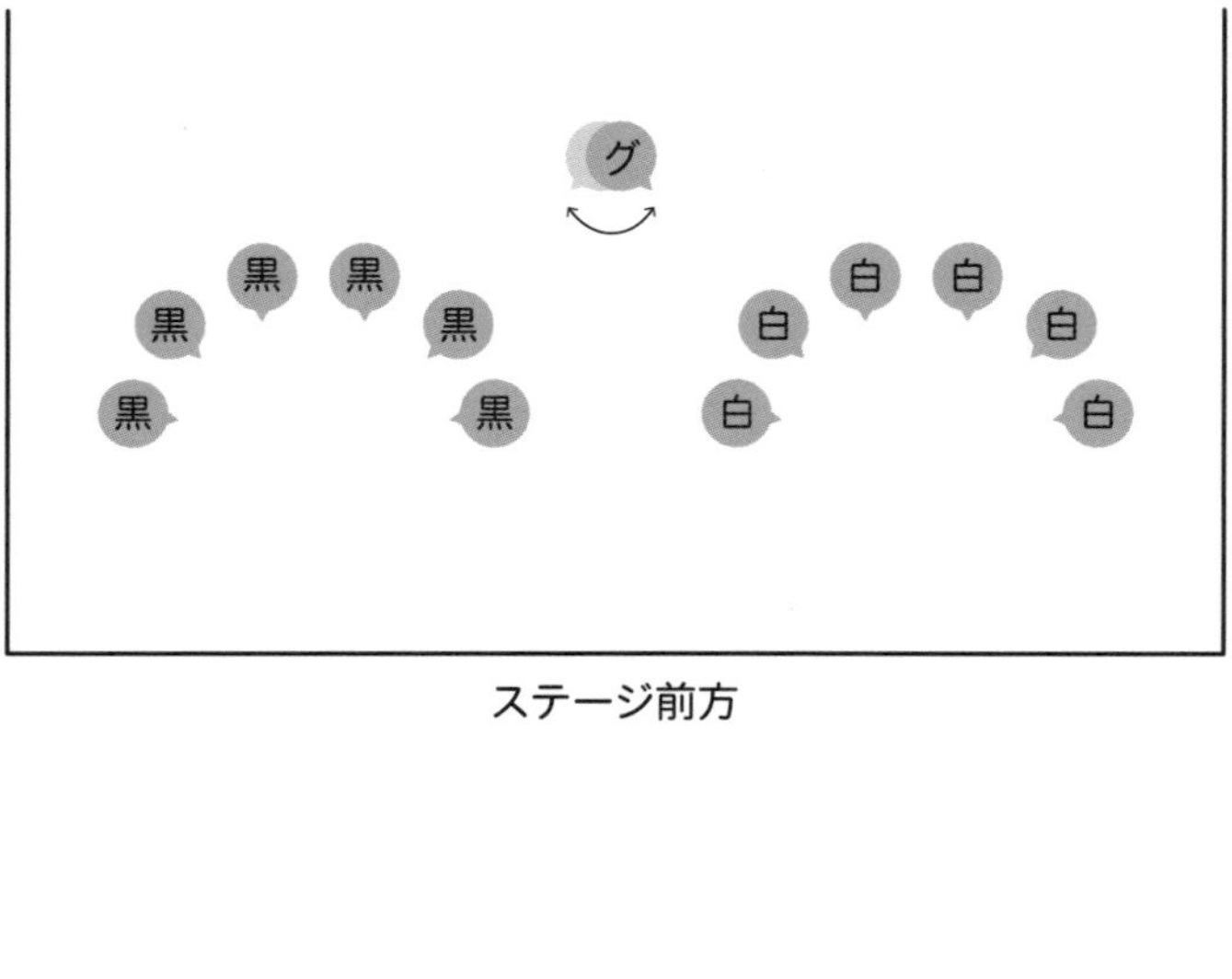

ステージ前方

白黒《しろくろ》グループ（同時《どうじ》に）ビアンコ（ノアール）が勝《か》つ!!（お互《たが》いが気《き》づきにらみ合《あ》う）

明《あ》かりがグレーに向《む》けられる。
お互《たが》いのグループはにらみ合《あ》いながらはける。

グレー　ちょっと補足《ほそく》を。アメリアとは近年《きんねん》、力《ちから》をつけてきている大国《たいこく》です。とてつもないダンス力《りょく》で多《おお》くの国々《くにぐに》を侵略《しんりゃく》してきています。占領《せんりょう》した国《くに》からダンスを奪《うば》い、もう抵抗《ていこう》をさせないようにしているのです。最近《さいきん》だと隣国《りんごく》のベングナムも負《ま》けてしまったんです。ん？　あっ、ごめんなさい。ちゃんと説明《せつめい》しなきゃね。ダンスダンスと言《い》っていますがこの世界《せかい》では骨肉《こつにく》の争《あらそ》いを避《さ》けるために世界憲法第《せかいけんぽうだい》5条《じょう》でお互《たが》いのダンスで戦争《せんそう》をすることになっているのです。各国《かっこく》1組《くみ》ずつ選《えら》ばれた代表戦《だいひょうせん》を行《おこな》うのです。1組《くみ》しか選《えら》ばれないから、ここではビアンコとノアールで選挙《せんきょ》をしてダンス代表《だいひょう》を決《き》めようとしているわけです。もちろんそのタイミングで負《ま》けた方《ほう》を追《お》い出《だ》しちゃおうって考《かんが》えです。でも、ずーっと引《ひ》き分《わ》け。そこで矛先《ほこさき》を向《む》けられたのが、

ノアール（黒《くろ》6以外《いがい》）が下手《しもて》からグレーに近《ちか》づいてくる。

黒《くろ》1　（愛想《あいそ》を振《ふ》りまくように）グレーッちゃん！
黒《くろ》2　相変《あいか》わらずかわいいね。
黒《くろ》3　今日《きょう》のグレーっぷりも最高《さいこう》だよ。
グレー　どうも。
黒《くろ》4　ところでこの前《まえ》、話《はな》したこと覚《おぼ》えてる？

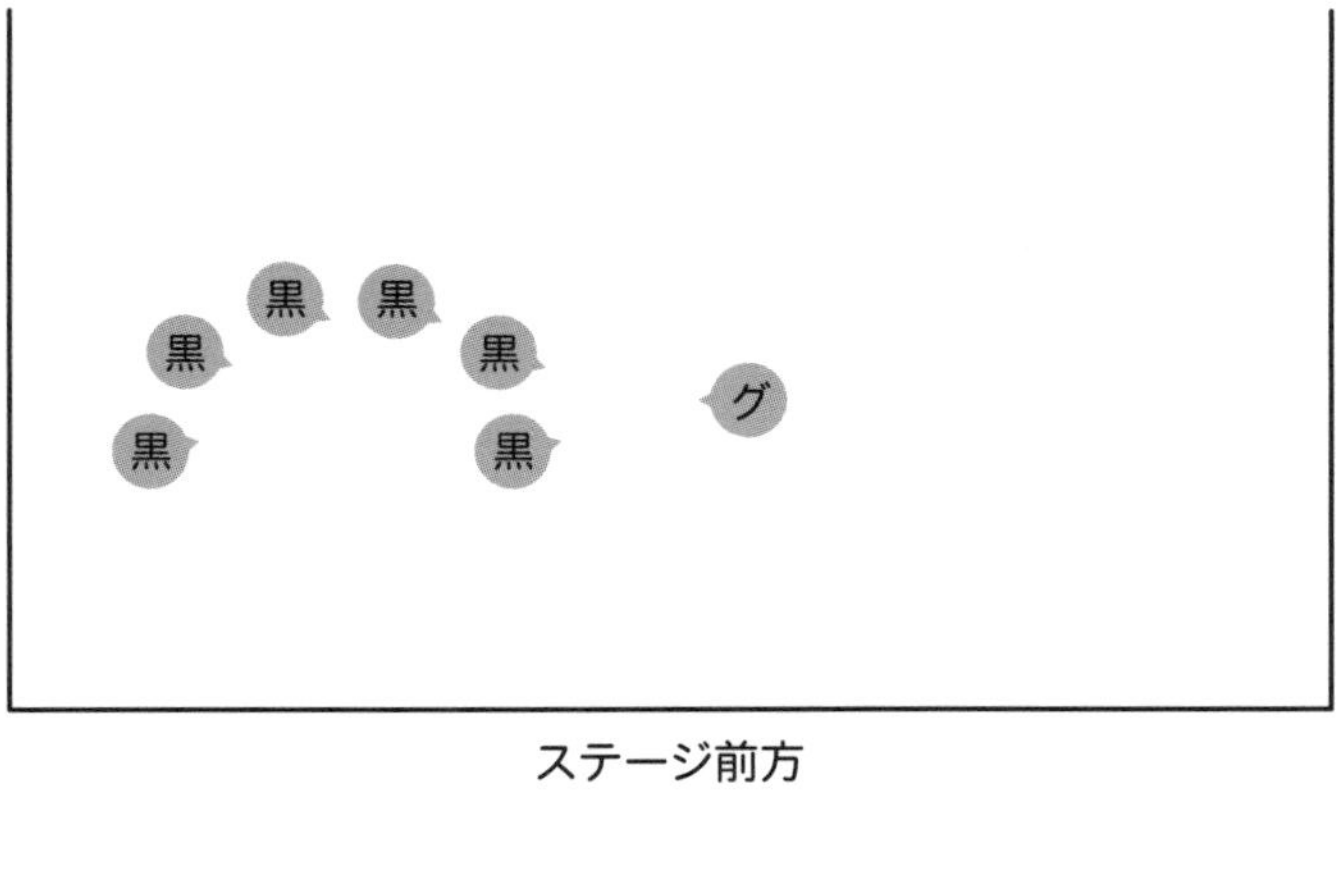

ステージ前方

グレー　ん？

黒《くろ》5　またまたぁ！　そうやってごまかすんだからぁ。

黒《くろ》2　わたしたちノアール団《だん》に投票《とうひょう》してほしいって話《はなし》。

黒《くろ》3　頼《たの》むよぉ。もし入《い》れてくれたらこのこんがり日焼《ひや》けサロンの招待券《しょうたいけん》あげるから！　一発《いっぱつ》でこんがりだぜ！

黒《くろ》4　それだけじゃないぜ。足《あし》が細《ほそ》く見《み》える黒《くろ》スパッツもつけちゃうよ。

黒《くろ》5　もっともっとプレゼントするからさ。

遅《おく》れて黒《くろ》6が来《く》る。

黒《くろ》6　はあ。はあ。はあ。

黒《くろ》2　おい！　遅《おそ》いじゃないかよ！　いつまでかかってんだよ。

黒《くろ》3　のろま！　ほんとうにお前《まえ》は使《つか》えないな！

黒《くろ》4　早《はや》く買《か》ってきたもの出《だ》せよ。

黒《くろ》6が買《か》ってきたチョコレートを出《だ》す。

黒《くろ》5　ったく、チョコレート買《か》ってくるだけでなんでそんなに時間《じかん》がかかるんだよ！

黒《くろ》6　ごめん。

黒《くろ》2　（パッケージを見《み》て唖然《あぜん》とする）おい！　これミルクチョコレートだぞ！

黒《くろ》3　こんなもん食《く》えねーよ。チョコって言《い》ったらダークだろが！（黒《くろ》6を突《つ》き飛《と》ばす。黒《くろ》2はチョコレートを投《な》げ返《かえ》し）

黒《くろ》6　ごめんなさい！　また買《か》ってきます。（そこから立《た》ちあがりチョコレート

を拾《ひろ》うが動《うご》かない）あのう、

黒《くろ》4　なんだよ！　早《はや》く買《か》ってこいよ。

黒《くろ》6　お金《かね》……。

黒《くろ》5　はっ!?　お前《まえ》が間違《まちが》えたんだろ！　自分《じぶん》で買《か》えよ！　あっ、そうだよな。お前《まえ》んちチョコも買《か》えないぐらいビンボーだもんな。じゃあ、親父《おやじ》の財《さい》布《ふ》からでもクスねてこいよ！

黒《くろ》6　そんなことできないよ。

黒《くろ》2　はあ!?　なめてんのか？（殴《なぐ》ろうとすると黒《くろ》1が止《と》める）

黒《くろ》1　やめとけって。ほら。（お金《かね》を黒《くろ》6に渡《わた》す）

黒《くろ》6　ありがとう。（黒《くろ》6は上手《かみて》にはける）

黒《くろ》2　お前《まえ》はほんとうに甘《あま》いんだよ。アンコか！　ビターでいけよ！　コーヒーはやっぱりブラックだろ！

黒《くろ》3　ねーねー。あいつの家《いえ》行ったことある？　超《ちょう》ぼろぼろなんだぜ！　それで出《で》てくるアイスコーヒーが超《ちょう》うすいの！

黒《くろ》4　ははは。いつもきったねー黒《くろ》だしな。

黒《くろ》1　やめとけよ。

黒《くろ》2　あ!?　なんか文句《もんく》あるのかよ。

黒《くろ》5　あいつはわたしたちとは違《ちが》うの！　しょうがないじゃん！　ハハハハ。

突然《とつぜん》黒《くろ》6が突《つ》き飛《と》ばされてステージに飛《と》び込《こ》んでくる。

黒《くろ》6　わっ！

チームビアンコ（白《しろ》4と6はいない）が上手《かみて》から登場《とうじょう》。

白《しろ》1　あれ？　なんかゴミが吹《ふ》っ飛《と》んでいったぞ。
白《しろ》2　ハハハ。ただの黒《くろ》カラスだろ。
白《しろ》3　グレーちゃん！　お元気《げんき》ですか？
白《しろ》5　会《あ》いにきたよ。それで決《き》めてくれた？　わたしたちに投票《とうひょう》してくれるってことをさ。あなたの一票《いっぴょう》ですべてが決《き》まるんだよぉ。
白《しろ》1　一人《ひとり》でそんなところにいるより一緒《いっしょ》におしゃべりしましょ。
黒《くろ》2　おい！　グレーちゃんと話《はな》してるのはわたしたちだぞ。
白《しろ》2　ん？　いたの!?　いや、暗《くら》くて見《み》えなかったよ。
黒《くろ》3　なんだと！
白《しろ》3　そんな汚《きたな》い黒《くろ》たちといるよりこっち来《き》なよ。
白《しろ》5　あのさ、もし俺《おれ》らに投票《とうひょう》してくれたら、「美人《びじん》は美白《びはく》、美肌《びはだ》クリーム！」あげるからさ。
白《しろ》1　それと「白馬《はくば》に乗《の》った王子様《おうじさま》！」白《しろ》タイツもつけちゃうよ！　だからさ、ぼくたちに投票《とうひょう》してよ。
黒《くろ》4　ふざけるな！　グレーちゃんはわたしたちに投票《とうひょう》するんだ！
白《しろ》2　勝手《かって》なこと言《い》ってんじゃないわよ！

そこに白《しろ》6が上手《かみて》から肉《にく》まんを持《も》って登場《とうじょう》。

白《しろ》3　おい！　遅《おそ》いじゃないかよ！　いつまでかかってんだよ！
白《しろ》5　のろま！　ほんとうにお前《まえ》は使《つか》えないな！
白《しろ》1　早《はや》く買《か》ってきたもの出《だ》せよ。

白《しろ》6が肉《にく》まんを渡《わた》す。

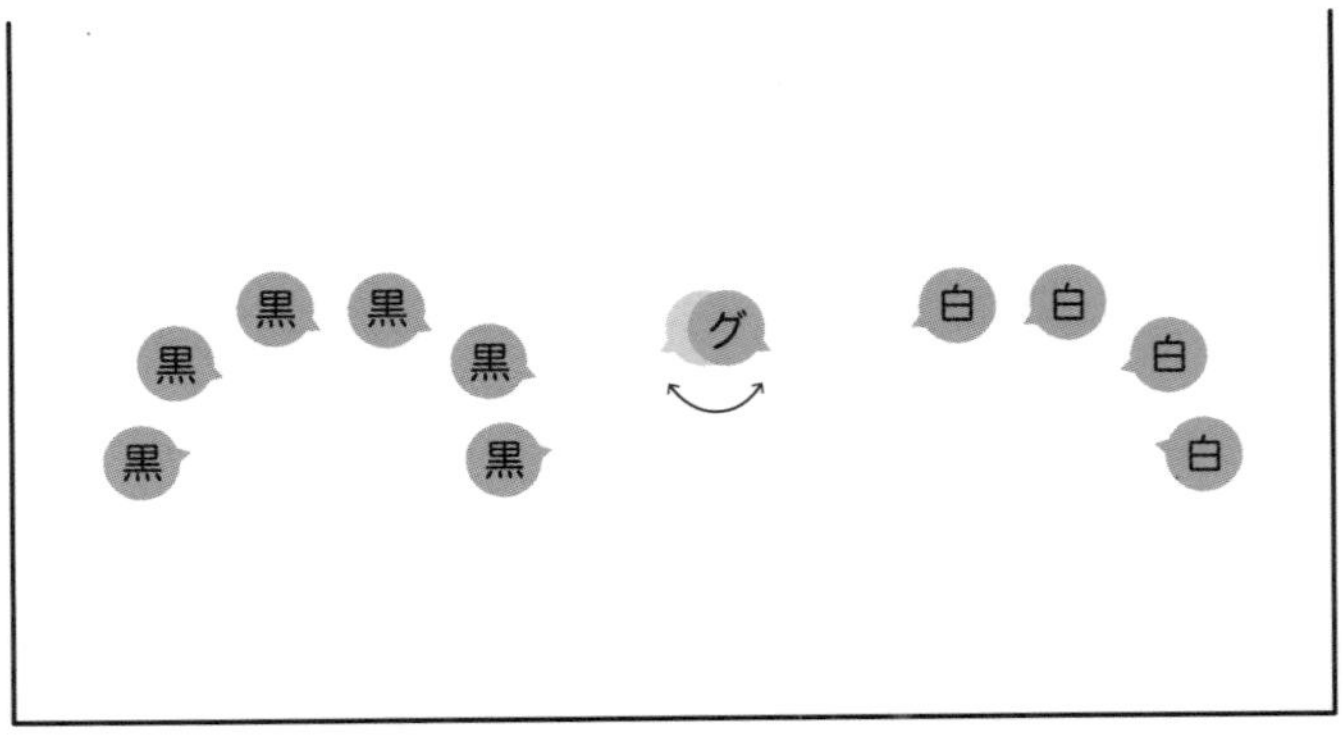

ステージ前方

白《しろ》2　ったく、肉《にく》まん買《か》ってくるだけでなんでそんな時間《じかん》がかかるんだよ！

白《しろ》6　ごめん。

白《しろ》3　（肉《にく》まんを半分《はんぶん》にしてみて唖然《あぜん》とする）おい！　これ、中《なか》にアンコ入《はい》ってんじゃねえかよ！

白《しろ》5　こんなもん食《く》えねえよ！　肉《にく》まんって言《い》っただろが！　お前《まえ》ほんとに使《つか》えねーな！（白《しろ》6を突《つ》き飛《と》ばす。白《しろ》3が肉《にく》まんを投《な》げ返《かえ》す）

白《しろ》6　ごめんなさい！　また買《か》ってきます！　あのう、（そこから立《た》ちあがる）

白《しろ》1　なんだよ！　早《はや》く買《か》ってこいよ。

白《しろ》6　……お金《かね》。

白《しろ》2　はっ!?　お前《まえ》が間違《まちが》えたんだから自分《じぶん》で買《か》ってこいよ！　あっ、そうだよな。お前《まえ》んち肉《にく》まんも買《か》えないほどのビンボーだもんなぁ。じゃあ、親父《おやじ》の財布《さいふ》からでもクスねてこいよ！

白《しろ》6　そんなことできないよ。

白《しろ》2　はあ!?　なめてんのか？（殴《なぐ》ろうとすると）

グレー　あのさぁ、（みんなが見《み》る）明日《あす》はわたしの誕生日《たんじょうび》なの。そこでパーティーするからみんなを招待《しょうたい》するよ。

白黒《しろくろ》2　（同時《どうじ》）ほんとうに!?　ん？　みんなってことはこいつらも？

白黒《しろくろ》3　（同時《どうじ》）いやだよ！

白《しろ》5黒《くろ》4　（同時《どうじ》）こんな汚《きたな》い黒《くろ》（白《しろ》）（お互《たが》いを見《み》て言《い》う）

白黒《しろくろ》6　（小声《こごえ》で）楽《たの》しそう。

全員《ぜんいん》　（白黒《しろくろ》6に）ああ!?!?

グレー　じゃあ来《こ》なくていいよ。

黒《くろ》2　こんなやつらが来《く》るパーティーなんて、

白《しろ》1　キモすぎて行《い》けるか！

白黒《しろくろ》3　ああ！　ちょっと！（お互《たが》いに黒《くろ》2と白《しろ》1を連《つ》れて行《い》き）
白《しろ》3　これはもしかしたらチャンスかも。
黒《くろ》3　グレーちゃんに投票《とうひょう》してもらえるアピールができるチャンスかも。
白《しろ》3　ここはぐーっとこらえて、
黒《くろ》3　パーティーに参加《さんか》した方《ほう》がいいっすよ。
黒《くろ》2　おお。そうか。
白《しろ》1　わかった。（グレーに）参加《さんか》させていただきます。
黒《くろ》2　うちらも。
グレー　オーケー！　じゃあ、明日《あす》15時《じ》にパーティー会場《かいじょう》で！　あっ！　あと全《ぜん》員参加《いんさんか》なので。

白黒《しろくろ》6がガッツポーズ。
白《しろ》と黒《くろ》グループがはける。
黒《くろ》1だけが残《のこ》っている。

グレー　どうも。
黒《くろ》1　あっ。
グレー　どうかした？
黒《くろ》1　いや、
グレー　じゃあパーティーで。
黒《くろ》1　あ、うん。（黒《くろ》1はける）

グレーちゃんはふふっと笑《え》みをこぼしはける。
白《しろ》4と白《しろ》5が入《はい》って来《く》る。

白《しろ》4　ええ!?　パーティー!　すてきじゃない!

白《しろ》5　ただのパーティーじゃないんだよ。グレーにわたしたちをアピールする絶好《ぜっこう》のチャンスなんだ。

白《しろ》4　(話半分《はなしはんぶん》でパーティーに夢中《むちゅう》)楽《たの》しみ、どうしよ!　何着《なにき》てこうかな。

白《しろ》5　ウカれ過《す》ぎ。

白《しろ》4　だってパーティーなんて、ふふふふ。(踊《おど》りながら)素敵《すてき》な人《ひと》と出会《であ》えたらどうしましょ。(白《しろ》1が登場《とうじょう》)

白《しろ》1　来《く》るのはノアール団《だん》だ。絶対《ぜったい》に話《はな》したりするなよ。

白《しろ》4　あら、そう。

白《しろ》1　あんな奴《やつ》らにお前《まえ》を会《あ》わせたくないけど、グレーが全員参加《ぜんいんさんか》って言《い》ってたからな。

白《しろ》4　大丈夫《だいじょうぶ》よ!

白《しろ》5　(白《しろ》1に)ちゃんと見張《みは》っとくからさ。

白《しろ》4　そんなのいらないわよ。

白《しろ》1　(白《しろ》5に)頼《たの》んだ。お前《まえ》(白《しろ》5)がいつも横《よこ》にいてやれ。

白《しろ》4　見張《みは》りなんか必要《ひつよう》ないって。

白《しろ》5　オーケー。

白《しろ》4　見張《みは》りなんていらないってば。

白《しろ》1　うん。もう一人《ひとり》つけたほうがいいかもな。

白《しろ》5　そうですね。

白《しろ》4　ちょっと聞《き》いてる?　(白《しろ》1・5が白《しろ》4を一瞬《いっしゅん》見《み》て、二人《ふたり》で話《はな》し始《はじ》める)おーい。(三人《さんにん》がはける)

パーティーの音楽《おんがく》が流《なが》れる。チームビアンコとノアール団《だん》が分《わ》かれている。グレーちゃんは真《ま》ん中《なか》にいる。

白《しろ》1　グレーちゃん最高《さいこう》のパーティーだね。
白《しろ》2　呼《よ》んでくれてありがとう。
白《しろ》3　余計《よけい》なのがいなければ、もっとよかったのに。
黒《くろ》4　それはお前《まえ》たちだろ。
黒《くろ》5　せっかくのパーティーの邪魔《じゃま》なんだよ。
白《しろ》5　はあ？　じゃあそろそろ決着《けっちゃく》をつけようぜ。
黒《くろ》3　いいぜ。最終《さいしゅう》プレゼンといこうぜ。

白《しろ》と黒《くろ》が分《わ》かれて白黒《しろくろ》のいいところ、相手《あいて》の悪《わる》いところを言《い》い合《あ》う。これはくだらなければくだらないほど良《よ》い。白黒同士《しろくろどうし》がヒートアップして「なんだこら！」「なんだよやるのかこら！」などを言《い》いながら近《ちか》づきにらみあって、「フン！」そっぽを向《む》いて離《はな》れると白《しろ》4と黒《くろ》1が見《み》つめ合《あ》って止《と》まる。周《まわ》りの人《ひと》たちはストップ。二人《ふたり》のセリフ中《ちゅう》は止《と》まっている。グレーちゃんだけが見《み》ている。二人《ふたり》が上下手《かみしもて》舞台前《ぶたいまえ》に行《い》く。

黒《くろ》1　なんて美《うつく》しい人《ひと》なんだ。あんな人《ひと》とは出会《であ》ったことがない。ああ、素敵《すてき》だ。胸《むね》きゅーん！　ドキューン！　バキューン！　ズキューン！　ハローみなさんこんにちは！　ぼくはハッピーでぇーす！
白《しろ》4　あああ、なんてシャープなかっこいい方《ほう》なんでしょ。あんな人《ひと》に会《あ》ったのはわたしの人生《じんせい》でファーストタイムよ！　ああ、頭《あたま》から彼《かれ》の顔《かお》が消《き》え

●子供たちに考えてもらってプレゼンする。
【例】「白にはきれいな雪がある」「黒にはいつもついてきてくれる影がある」など。

ない。
ほら、こうやって目《め》を閉《と》じると（いろんな方角《ほうがく》を見《み》て）キャーあっちにもあなたが、わー！　あっちにも！　あれ、もしかしてこれが、、

白《しろ》4黒《くろ》1　（同時《どうじ》）恋《こい》！

二人《ふたり》は舞台中央《ぶたいちゅうおう》に行《い》って近《ちか》づく。

黒《くろ》1　ぼくは〇〇です。あなたのお名前《なまえ》は？

白《しろ》4　わたしは××。

二人《ふたり》だけの世界《せかい》。二人《ふたり》は手《て》をつなぐ。見《み》つめ合《あ》う。

黒《くろ》1　××、なんて美《うつく》しいお名前《なまえ》。あなたはまるで真《ま》っ暗《くら》な深海《しんかい》の中《なか》で、ポッと優《やさ》しく光《ひか》る提灯《ちょうちん》アンコウのようで、あなたみたいなアンコウなら、ぼくは君《きみ》にパクって食《た》べられたい。

白《しろ》4　〇〇、あなたはまるで、寒《さむ》い寒《さむ》い真《ま》っ白《しろ》な雪《ゆき》の中《なか》に一人《ひとり》で立《た》っていたわたしを温《あたた》めてくれるホットチョコレート。ああ、心《こころ》がポカポカ。

グレーは笑《え》みを浮《う》かべている。
二人《ふたり》でダンス。
他《ほか》の人《ひと》たちが二人《ふたり》に気《き》づき、

白《しろ》1　何《なに》やってんだ！（二人《ふたり》を引《ひ》きはがす）

黒《くろ》2　おい！　何《なに》してんだよ！　正気《しょうき》か？

●名前は自分たちで考える。

●ダンスはフォークダンス。

黒《くろ》1　きみはチームビアンコ。
白《しろ》4　あなたはノアール団《だん》。
黒《くろ》1　これはまさに、
白《しろ》4　禁断《きんだん》の
黒《くろ》1白《しろ》4　恋《こい》！
白《しろ》1　おい、もう行《い》くぞ！
黒《くろ》2　行《い》くぞ！

お互《たが》いが白《しろ》4と黒《くろ》1をつれてはける。

グレー　さよなら。（はける）

周《まわ》りが暗《くら》くなり夜《よる》になる。
黒《くろ》1と白《しろ》4がそーっと出《で》てくる。

黒《くろ》1　会《あ》いたかったよ。
白《しろ》4　わたしも。
黒《くろ》1　バレなかったかい？
白《しろ》4　大丈夫《だいじょうぶ》。あなたは？
黒《くろ》1　大丈夫《だいじょうぶ》だよ。でもまさか君《きみ》がビアンコの人《ひと》だなんて。
白《しろ》4　わたしもよ。まさかあなたがノアールの人《ひと》だなんて。
黒《くろ》1　これこそ、
白《しろ》4　禁断《きんだん》の
黒《くろ》1白《しろ》4　恋《こい》！

黒《くろ》1　ぼくたちは一緒《いっしょ》になることができないのかな。
白《しろ》4　はあ。

グレーちゃんが登場《とうじょう》する。

グレー　ヤッホー。

二人《ふたり》が驚《おどろ》き、隠《かく》れようとする。

グレー　大丈夫《だいじょうぶ》、大丈夫《だいじょうぶ》。わたしよ、わたし。
白《しろ》4　グレーちゃん。
グレー　二人《ふたり》でコソコソ会《あ》ってるの？　楽《たの》しそうね。
黒《くろ》1　楽《たの》しいわけないじゃないか。
白《しろ》4　わたしたちは憎《にく》しみ合《あ》っているグループ同士《どうし》。会《あ》うなんて許《ゆる》されない。
グレー　どうして会《あ》っちゃいけないの？
白《しろ》4　それは……ずーっと昔《むかし》からそうだから。
黒《くろ》1　ぼくたちは憎《にく》み合《あ》っているんだ。
グレー　なんで憎《にく》み合《あ》っているの？
白《しろ》4　えっ？　うーん。昔《むかし》からそうだから。
グレー　だからその理由《りゆう》は？
黒《くろ》1白《しろ》4　……知《し》らない。
グレー　ふーん。恋《こい》は自由《じゆう》なのに。

黒《くろ》1と白《しろ》4はハッとする。

黒《くろ》1　今《いま》まで気《き》づかなかった。
白《しろ》4　わたしたちの大切《たいせつ》なもの。
黒《くろ》1　……グレーちゃん！　お願《ねが》いがあるんだけど。
グレー　ん？

三人《さんにん》が何《なに》か話《はな》し合《あ》っている。そして三人《さんにん》がはける。

二場　漫画《まんが》の上下巻《じょうげかん》

上手《かみて》に黒《くろ》1が黒《くろ》3を連《つ》れて来《く》る。下手《しもて》に白《しろ》4が白《しろ》3を連《つ》れて来《く》る。グレーちゃんは背中《せなか》を向《む》けて座《すわ》っている。何《なに》かを読《よ》んでいるようである。
上手《かみて》。

黒《くろ》3　なんだよ。いきなり呼《よ》び出《だ》して。最近《さいきん》のお前変《まえへん》だぞ！　みんな心配《しんぱい》してるんだからな。わかってるの？
黒《くろ》1　わかってるよ。それでお詫《わ》びにこれを渡《わた》したくてさ。（黒《くろ》1が黒《くろ》3に黒《くろ》い漫画本《まんがぼん》を与《あた》える）
黒《くろ》3　これは漫画《まんが》『カラー』の上巻《じょうかん》じゃないか！　どうやって手《て》に入《い》れたの？
黒《くろ》1　ちょっと黒《くろ》いルートを使《つか》って手《て》に入《い》れたんだ。
黒《くろ》3　おおおお。もしかして俺《おれ》にくれるの？
黒《くろ》1　もちろん！
黒《くろ》3　うわー、ありがとう。（黒《くろ》1がはける）

下手《しもて》。

白《しろ》4　ちょっと白《しろ》いルートで手《て》に入《い》れたんだけどね。あなた、たしか読《よ》みたくてたまらないって言《い》ってたからさ。はい。下巻《げかん》だけど。（漫画《まんが》を渡《わた》す）

白《しろ》3　やったー！

白《しろ》4　（白《しろ》4がはける）

白《しろ》3黒《くろ》3は夢中《むちゅう》になって読《よ》む。読《よ》みながら「うわー、うおー超《ちょう》おもしれー！」などと言《い》っている。漫画《まんが》を読《よ》み終《お》わり。

黒《くろ》3　なんておもしろいんだ！　あっという間《ま》に読《よ》んじゃったよ。ああ、続《つづ》きが気《き》になるなぁ。

白《しろ》3　（反対側《はんたいがわ》で）エンディングがこんなになるなんてなぁ。斬新過《ざんしんす》ぎる。でも、上巻《じょうかん》を読《よ》んでないから話《はなし》がまったくわからない。ああ、上巻《じょうかん》があればなー！

グレーちゃんが大笑《おおわら》いしながら「うおー、うわー超《ちょう》おもしれー」と言《い》っている。それに気《き》づいた白《しろ》3黒《くろ》3は近《ちか》づく。グレーちゃんは振《ふ》り向《む》き。

グレー　いやー、やっぱり『カラー』はおもしろいなー。前半《ぜんはん》にあんな展開《てんかい》になって、そのあと後半《こうはん》でまさかのあのどんでん返《がえ》しだもんなー！　いやー、参《まい》った参《まい》った。……ん？（二人《ふたり》に気《き》づく）

黒《くろ》3　（二人《ふたり》は宝《たから》を見《み》つけたみたいに）グレーちゃん！　もしかしてそれ『カラー』の上下巻《じょうげかん》だよね？　最後《さいご》のどんでん返《がえ》しって？

白《しろ》3　前半《ぜんはん》のあの展開《てんかい》って?!?!

グレー　あれ？　一《ひと》つしか読《よ》んでないの？　いやー、残念《ざんねん》！　これは両方読《りょうほうよ》まないとおもしろさ半減《はんげん》だよ。

黒《くろ》3　上巻《じょうかん》だけでもこんなにおもしろいのに。

白《しろ》3　両方見《りょうほうみ》たらもっとすごいの?!?　グレーちゃん、それを貸《か》してよ。

グレー　ごめんね。これはもう返《かえ》さなくちゃいけないんだ。じゃあね。（グレーはける）

黒《くろ》3白《しろ》3。間《ま》。最初《さいしょ》はためらうが周《まわ》りを見《み》て交換《こうかん》する。二人《ふたり》は楽《たの》しそうに読《よ》む。「うわー、すげー、やべー！」と盛《も》り上《あ》がる。二人《ふたり》は顔《かお》を合《あ》わせて笑《わら》う。すると上下手《かみしもて》からピアニカの演《えん》奏《そう》する音《おと》が聞《き》こえてくる。

黒《くろ》3　やばい！　みんなが来《く》る。

白《しろ》3　こっちに逃《に》げよ。

下手奥《しもておく》に逃《に》げる。

三場　ピアニカ

黒《くろ》4・5と白《しろ》2・5がピアニカを黒《くろ》は黒《くろ》い部分《ぶぶん》だけを白《しろ》は白《しろ》い部《ぶ》分《ぶん》だけを演奏《えんそう》しながら登場《とうじょう》。何《なに》を演奏《えんそう》してるのかわからない。

白《しろ》2　なんか物足《ものた》りないんだよな。
白《しろ》5　うん。なんだろうなぁ。
黒《くろ》4　なんか、何《なに》を演奏《えんそう》してるかわかんないんだよなあ。
黒《くろ》5　うん。どうしてだろ？　なんか気持《きも》ち悪《わる》いんだよね。

グレーと黒《くろ》1、白《しろ》4が軽《かろ》やかにピアニカを演奏《えんそう》し、白《しろ》2・5と黒《くろ》4・5を見《み》てニヤリとする。白黒《しろくろ》のメンバーは感動《かんどう》している。

黒《くろ》4　すごい！
黒《くろ》5　白《しろ》いところって演奏《えんそう》するためにあったんだね。
白《しろ》2　黒《くろ》いところも音出《おとで》るんだ。
白《しろ》5　わお！　新《あたら》しい発見《はっけん》だわ。
黒《くろ》1　あなたたちも一緒《いっしょ》にどう？
白《しろ》4　一緒《いっしょ》に演奏《えんそう》しましょ。

グレーと黒《くろ》1、白《しろ》4は四人《よにん》を誘《さそ》い一緒《いっしょ》に演奏《えんそう》。みんな感動《かんどう》している。するとだれかが来《く》ることに気《き》づく。

黒《くろ》1　やばい！　こっちに隠《かく》れよう！　（みんなを上手奥《かみておく》に連《つ》れて行《い》く。グレーちゃんだけそっと上手《かみて》にはける）

四場　おにぎり

白《しろ》1が白《しろ》いご飯《はん》を黒《くろ》2が海苔《のり》を食《た》べながら登場《とうじょう》。

白《しろ》1　飽《あ》きた。味《あじ》がない。手《て》がべちょべちょする。飽《あ》きた。

黒《くろ》2　飽《あ》きた。しょっぱい。口《くち》の中《なか》が乾《かわ》く。ってかクサっ!!　飽《あ》きた。

白《しろ》1黒《くろ》2　(同時《どうじ》)はぁ。

グレーちゃんがおいしそうにおにぎりを食《た》べて登場《とうじょう》。

グレー　え?　あっ、これ?　うん。白《しろ》いごはんに海苔《のり》を巻《ま》いて、おにぎり!　この白米《はくまい》と海苔《のり》のバランスがたまらんのよね。(笑《わら》う。そしてはける)

白《しろ》1と黒《くろ》2がけんせいし合《あ》っている。だがゆっくり近《ちか》づく。すると黒《くろ》6と白《しろ》6が上手《かみて》と下手《しもて》から同色《どうしょく》の紙《かみ》とペンを持《も》って出《で》てくる。白《しろ》1と黒《くろ》2が慌《あわ》てて中央奥《ちゅうおうおく》に隠《かく》れる。白黒《しろくろ》6は背中合《せなかあ》わせに座《すわ》りお互《たが》いに黒《くろ》6は黒《くろ》いペンを白《しろ》6に白《しろ》6は白《しろ》いペンを黒《くろ》6に渡《わた》す。二人《ふたり》は楽《たの》しそうに絵《え》を書《か》いている。

白《しろ》6　今日《きょう》は何《なに》を描《えが》いてるの?

黒《くろ》6　夢《ゆめ》の中《なか》にいるぼくら。君《きみ》は?

白《しろ》6　わたしたちの未来《みらい》。白《しろ》の紙《かみ》に白《しろ》ペンだったから未来《みらい》を描《えが》いても何《なに》も見《み》えなかった。でも、君《きみ》のおかげでちゃんと描《か》ける。

黒《くろ》6　うん。わたしも真《ま》っ黒《くろ》な中《なか》に黒《くろ》のペンじゃいくら描《か》いても真《ま》っ黒《くろ》な夢《ゆめ》しか描《えが》けなかったけど、今《いま》はちゃんと描《か》ける。（二人《ふたり》は顔《かお》を見合《みあ》わせて笑《わら》う）この前《まえ》ね。またドジっちゃってさ。チョコレート買《か》って来《こ》いって言《い》われたのに間違《まちが》えてミルクチョコ買《か》って行《い》っちゃって大目玉《おおめだま》。

白《しろ》6　わたしもだよ！　肉《にく》まんなのにアンマン間違《まちが》えて買《か》って行《い》っちゃってさ。

黒《くろ》6　その間違《まちが》いはないでしょう。

白《しろ》6　だよねー。ハハハ。

黒《くろ》6　はい。（ミルクチョコを渡《わた》す）

白《しろ》6　ありがとう。（二人《ふたり》はチョコを食《た》べる）……ミルクチョコもおいしいのにね。

黒《くろ》6　うん。アンマンもすごくおいしいよね。

白《しろ》6　一緒《いっしょ》になってるものってたくさん良《い》いものあるんだけどね。

黒《くろ》6　うん。……ぼくらも一緒《いっしょ》だったらね。

白《しろ》6　そうだね。

黒《くろ》6　なんで一緒《いっしょ》じゃだめなんだろ？

白《しろ》6　理由《りゆう》かぁ。……案外《あんがい》くだらないんだろうね。

黒《くろ》6　ね。……できた！

白《しろ》6　ぼくも！　見《み》せてよ。

黒《くろ》6　じゃあ一緒《いっしょ》にね。せーの。

二人《ふたり》はお互《たが》いに自分《じぶん》の絵《え》を見《み》せる。それを黒《くろ》2と白《しろ》1が見《み》る。

白《しろ》1　すげー！　あいつにあんな才能《さいのう》があったなんて。

黒《くろ》2　あいつがあんな顔《かお》で笑《わら》うなんて……。（二人《ふたり》は顔《かお》を合《あ》わせる。間《ま》。黙《だま》って

白《しろ》むすびに海苔《のり》を巻《ま》いて食《た》べる）

二人《ふたり》　……（びっくりして）うまい！

暗転《あんてん》。
人《ひと》ごみの声《こえ》が聞《き》こえる。明《あ》かりが入《はい》ると司会者《しかいしゃ》とグレーちゃん。

司会者《しかいしゃ》　それではこれより第《だい》195回選挙《かいせんきょ》の結果《けっか》を発表《はっぴょう》します。この結果《けっか》でチームビアンコかノアール団《だん》のどちらかに決《き》まります。今度《こんど》こそ白黒《しろくろ》はっきりつけばいいですがね。

白《しろ》と黒《くろ》が登場《とうじょう》。お互《たが》い白《しろ》と黒《くろ》のボックスを持《も》ってくる。

司会者《しかいしゃ》　いつも通《どお》り白黒《しろくろ》ボックスに投票《とうひょう》していただきました。（独《ひと》り言《ごと》で）まあ、どうせいつも通《どお》り自分《じぶん》の色《いろ》に入《い》れてるんでしょうけど……。はい。かしこまりました。今回《こんかい》……も同票《どうひょう》です。はい、また決《き》まりませんでした。ちゃんちゃん……えっ？　はい。はい。え!?　すいません。その白黒《しろくろ》ボックスを開《あ》けてもらっていいですか？

箱《はこ》を開《あ》けると黒《くろ》ボックスにたくさんの白《しろ》カードが入《はい》っていて、白《しろ》ボックスにはたくさんの黒《くろ》カードが入《はい》っている。

司会者《しかいしゃ》　これってどういうことでしょう？

黒《くろ》1　簡単《かんたん》だよ。

白《しろ》4　相手《あいて》に投票《とうひょう》したってこと。そうでしょ？（白《しろ》1に言《い》う）

白《しろ》1　まあな。

黒《くろ》2　お前《まえ》らもか。

黒《くろ》3　でもどうするんだよ？　これじゃ、また代表《だいひょう》を決《き》めれないぜ。

白《しろ》3　そうだな。どうするんだ？

白《しろ》4　そんなの簡単《かんたん》。（みんなが「えっ？」というリアクション）

黒《くろ》1　もうグループなんて関係《かんけい》ないってこと。もうみんなわかっているでしょ。

白《しろ》4　理由《りゆう》もわからないケンカはやめよ。

黒《くろ》6　わたしもそう思《おも》う。

白《しろ》6　そうだよ。黒《くろ》がいてくれるから白《しろ》がいる。というか、白《しろ》も黒《くろ》もないよ。

黒《くろ》2　自分《じぶん》たちのカラーを作《つく》ろう！

黒《くろ》1　そうだよ！

白《しろ》1　でも、ダンス代表《だいひょう》はどうするんだよ？

グレー　一組《ひとくみ》とは言《い》ってるけど、何人《なんにん》までって言《い》ってたっけ？（みんな「それかっ！」とうなずいてはける。）

歓声《かんせい》が聞《き》こえてくる。

司会者《しかいしゃ》　アメリア国《こく》のダンスでした。続《つづ》きまして、コローレ国《こく》のダンスです。チーム名《めい》は「カラー」！

みんなそれぞれのカラーの衣装《いしょう》をつけて踊《おど》る。

終《お》わり

4

ONE ～ひとつになる～

主　題　多様性《たようせい》

対象学年　中学年《ちゅうがくねん》・高学年《こうがくねん》

人　数　1クラス　28人《にん》

時　間　35分《ふん》

あらすじ　一人《ひとり》ぼっちの赤《あか》い服《ふく》の子《こ》が旅《たび》をしていく。そこにはたくさんの子供《こども》たちがいる。色々《いろいろ》な悩《なや》みをもった子《こ》たちがお互《たが》いを支《ささ》え合《あ》い生《い》きていく物語《ものがたり》。

登場人物　赤《あか》い服《ふく》の子《こ》（子犬《こいぬ》ゆづ）・青《あお》い服《ふく》の子《こ》（ゆうき）・黄色《きいろ》い服《ふく》の子《こ》（すず）・孤児院《こじいん》の子供《こども》たち（あかり・ちあき・もえ・なつめ・ゆい・さやか・まり）・女《おんな》・ダンサーチーム（さき・さくら・めいさ・きなこ・ゆみ・ゆあ・そら）・学校《がっこう》の生徒《せいと》（ひな・あい・ひろと・ゆうや・なぎさ・こうし・れいと・ふうか・みれい）・菊池先生《きくちせんせい》

一場　雑踏《ざっとう》の中《なか》

暗転中《あんてんちゅう》に曲《きょく》が流《なが》れている。明《あ》かりがつくと正面《しょうめん》を向《む》いて立《た》っている三人《さんにん》。人形《にんぎょう》を持《も》った赤《あか》い服《ふく》、青《あお》い服《ふく》、そして黄色《きいろ》の服《ふく》の子《こ》たちがお互《たが》いに気《き》づかないで立《た》っている。騒《さわ》がしい雑踏《ざっとう》のような音《おと》が聞《き》こえて来《く》ると、人々《ひとびと》が急《いそ》ぎ足《あし》でステージを横切《よこぎ》っていく。青《あお》い子《こ》と黄色《きいろ》の子《こ》が上下手《かみしもて》に去《さ》っていく。黄色《きいろ》の子《こ》の足《あし》が少《すこ》し痛《いた》む。そして軽《かる》く引《ひ》きずりながらはける。

- 赤・青・黄色の役の子は、衣装に色を取り入れる。役の性別は男女関係なく演じてもらいたい。名前を変えてもよし。

- 音楽はBGMなので、歌が入ってないものが良い。
- 【立ち位置】赤の子（中央）、青の子（上手）、黄色の子（下手）。

二場　赤《あか》い服《ふく》

音楽《おんがく》が変《か》わる。赤《あか》い子《こ》が一人《ひとり》ぼっちで座《すわ》って、楽《たの》しそうに人形《にんぎょう》遊《あそ》びをしている。雨《あめ》が降《ふ》ってくる。彼女《かのじょ》は濡《ぬ》れない場所《ばしょ》を見《み》つけようとする。見《み》つからず座《すわ》り込《こ》む。人々《ひとびと》が通《とお》り過《す》ぎていく。彼女《かのじょ》に対《たい》しては見向《みむ》きもしない。まるでそこに彼女《かのじょ》が存在《そんざい》していないかのようだ。彼女《かのじょ》は大事《だいじ》な人形《にんぎょう》だけは濡《ぬ》れないように服《ふく》の中《なか》にしまう。雨《あめ》に濡《ぬ》れて身体《からだ》が震《ふる》える。すると一人《ひとり》の傘《かさ》をさしたあかりが登場《とうじょう》。

あかり　**はぁ……**（赤《あか》い服《ふく》の子《こ》に気《き》づく）**大丈夫《だいじょうぶ》？**（赤《あか》い子《こ》に近《ちか》づくが逃《に》げられる）**そんなところにいたら風邪《かぜ》ひいちゃうよ。**（赤《あか》い子《こ》はやっぱり逃《に》げる）**逃《に》げないでいいよ。ちょっと、ねえ。**（逃《に》げられる）**うーん。**

赤《あか》い子《こ》　**くしゅん！**

あかりはそっと傘《かさ》を彼女《かのじょ》のところに置《お》いて走《はし》り去《さ》る。赤《あか》い子《こ》は傘《かさ》を置《お》いていった女《おんな》の子《こ》を見《み》つめる。そして傘《かさ》の下《した》に座《すわ》る。雨《あめ》が止《や》む。彼女《かのじょ》は傘《かさ》から出《で》て、また人形《にんぎょう》遊《あそ》びを始《はじ》める。

赤《あか》い子《こ》が一人《ひとり》で人形《にんぎょう》遊《あそ》びをしているとあかりが何人《なんにん》かの子《こ》たちを連《つ》れて登場《とうじょう》。

あかり　**ちあき、こっちこっち。**（赤《あか》い子《こ》を探《さが》してる）

●言葉を使わず表現する。最初は難しいかもしれないが、一人遊びを楽しそうに表現。

ちあき　あかり。また寄《よ》り道《みち》してたんでしょ？　仕事《しごと》が終《お》わったらすぐに帰《かえ》ってこないとダメって言《い》ってるでしょ！

もえ　ねえねえ、この水《みず》たまりにうつるわたし、超《ちょう》かわいくなーい！

なつめ　あいつが帰《かえ》ってくる前《まえ》に戻《もど》らないとやばいってやばいって。

ゆい　（バナナを食《た》べながら）お腹減《なかへ》ったー。

さやか　あなたさっきもこっそりバナナを食《た》べていたではないですか。

ゆい　そうだっけー。（またバナナを取《と》り出《だ》す）

さやか　まだお持《も》ちになっていたのですか！

あかり　いた！

●セリフを誰に言っているかを明確にするために、相手を見てしゃべる。

子供《こども》たちは赤《あか》い子《こ》に近《ちか》づく。

ちあき　びちょびちょじゃないの。

もえ　きったなーい。

あかり　一人《ひとり》ぼっちなの。

さやか　どういたしますか？

あかり　……（ちあきに）かわいそうだから、連《つ》れて帰《かえ》っていい？

さやか　あかりさん、それは可能《かのう》とは思《おも》いませんね。

なつめ　あいつにバレたらやばいってやばいって。

あかり　でも、こんなところにいたら風邪《かぜ》ひいちゃうよ。

なつめ　あいつに見《み》つかったら、やばいってやばいって！

もえ　また叱《しか》られるよ。

ちあき　……そうね。あかり、しょうがないよ。行《い》こう。（あかりの手《て》を引《ひ》こうとする）

●赤い子は子供たちの会話を聞いている。

あかり　こんなところに置《お》いてけないよ！（赤《あか》い子《こ》を抱《だ》きしめる）
ちあき　あかり。
ゆい　お腹減《なかへ》ったよぉ。（おもむろにまたバナナを取《と》り出《だ》す）……ねえ、ちあき、
別《べつ》に連《つ》れて帰《かえ》ってもいいんじゃない？
ちあき　えっ。（赤《あか》い子《こ》とあかりを見《み》て、考《かんが》える）……わかったよ。
あかり　本当《ほんとう》？
ちあき　うん。
なつめ　でも、あいつに見《み》つかったらどうするの？　ねえ、どうするの？
さやか　まあ、見《み》つかってしまったら、その時《とき》に考《かんが》えるしかありませんね。
ちあき　一人《ひとり》ぐらい増《ふ》えたってわからないでしょ。
もえ　何《なに》それ！

あかりが赤《あか》い子《こ》を拭《ふ》いてあげる。

あかり　もう大丈夫《だいじょうぶ》だよ。（赤《あか》い子《こ》を立《た》たせてあげる）
ちあき　行《い》くよ。
あかり　うん。
ゆい　お腹減《なかへ》ったー。

全員《ぜんいん》はける。

三場　あたたかい家《いえ》

赤《あか》い子《こ》はあかりたちに連《つ》れられて家《いえ》に入《はい》る。そこは彼女《かのじょ》たちが住《す》む家《いえ》。孤児院《こじいん》である。子供《こども》たちはこっそり入《はい》っていく。

ちあき　いいね。絶対《ぜったい》に見《み》つかったらダメだからね。
あかり　うん。
もえ　このコソコソした感《かん》じ、超《ちょう》かわいくなーい！
なつめ　まずいってまずいってぇ。
さやか　静《しず》かに冷静《れいせい》でいるのが賢明《けんめい》であります。
ゆい　（バナナを食《た》べている）

6人《にん》はコソコソしていると、そこにまりが登場《とうじょう》。

まり　あんたたち、何《なに》してるの？（みんなびっくりする。あかりとちあきがとっさに赤《あか》い子《こ》を隠《かく》す。ゆいはバナナを隠《かく》す）
あかり　いや！　あのね……。
ちあき　（あせりながら）ちょっと散歩《さんぽ》に行《い》ってきたの。（なつめに）だよね？
なつめ　え!?　ええ！　ええ！　えーっと！
まり　ふーん。
さやか　その通《とお》りであります。
まり　あんたたち晩《ばん》ご飯《はん》の担当《たんとう》じゃなかったっけ？
ちあき　ああ！　そうだったね。今《いま》すぐやりますよ。
もえ　今《いま》すぐやります。（はける）

- まりは堂々としてる。
- 全員（赤い子以外）があせりながらしゃべる。

なつめ　はい！　はい！（はける）

あかり　（わざとらしく）いやあ、今日《きょう》も仕事大変《しごとたいへん》だったね！

さやか　本日《ほんじつ》も本当《ほんとう》にお疲《つか》れ様《さま》でした。（全員《ぜんいん》はけようとする）

まり　……ところであんたたち何《なに》を隠《かく》しているの？

あかり　え!?!

ちあき　何《なに》も隠《かく》してないよ。

ゆい　（すると突然《とつぜん》バナナを差《さ》し出《だ》し）ごめんなさい！

まり　いや、バナナのこと言《い》ってないわよ。

ゆい　えっ！　……良《よ》かったぁ。（また食《た》べ始《はじ》める）

まり　その子《こ》よ。（すると赤《あか》い子《こ》がひょこっと顔《かお》を出《だ》す）

全員《ぜんいん》　ああ!!

ちあき　どこから入《はい》って来《き》たのかな?!

さやか　全《まった》く気《き》づきませんでした。

あかり　本当《ほんとう》だね。

まり　あかり、あんたでしょ。今《いま》すぐ戻《もど》してきなさい。

全員《ぜんいん》　……。

まり　（赤《あか》い子《こ》の手《て》を握《にぎ》り、連《つ》れて行《い》こうとする）

あかり　まり！

まり　（止《と》まる）

あかり　本当《ほんとう》に連《つ》れて行《い》っちゃうの？

まり　そうよ。あいつに見《み》つかったらどうするの？　また痛《いた》い目《め》にあうわよ。

あかり　うまく隠《かく》すから。

まり　じゃあこの子《こ》のご飯《はん》はどうするの？　みんなろくにご飯《はん》ももらえないのに。
（黙々《もくもく》とバナナを食《た》べているゆいをみんなが見《み》る。間《ま》）

あかり　私《わたし》のをあげる！

まり　何《なに》言《い》っているのよ！　見《み》つかったら大変《たいへん》なことになるよ！　あんたも追《お》い出《だ》されるわよ！

あかり　でも……。

まり　でもじゃない！

あかり　……じゃあわたしも一緒《いっしょ》に出《で》て行《い》く！

まり　バカなこと言《い》ってるんじゃない！

ちあき　まり、そこまで言《い》わなくても。

まり　あんたたちは黙《だま》ってて！　あかり、見《み》つかったらあんただけの責任《せきにん》じゃないんだよ！　わかってるの！

あかり　（泣《な》き始《はじ》める）わかってるよ！　でも、この子《こ》一人《ひとり》ぼっちなんだよ！　放《ほお》っておくことなんてできない。かわいそうだよ。

まり　しょうがないでしょ。

あかり　……この子《こ》はあの時《とき》のわたしと同《おな》じ。ねえ、まり。まりはわたしを助《たす》けてくれたでしょ。だから、今度《こんど》はわたしがこの子《こ》を助《たす》けたい。

まりが赤《あか》い子《こ》をじーっと見《み》る。赤《あか》い子《こ》はまりを見《み》つめる。

まり　……タオル貸《か》して。

あかり　え？

まり　こんなずぶ濡《ぬ》れじゃ風邪《かぜ》ひいちゃうでしょ。早《はや》く貸《か》して。

あかり　まり……。

ちあき　あかり、良《よ》かったね。

まり　（赤《あか》い子《こ》に）もう大丈夫《だいじょうぶ》だからね。ところであなたお名前《なまえ》は？

●まりは怒っていることをしっかり表現しよう。

●言い合いのシーンは練習で短いセリフ「わかってない!」「わかってる!」「わかってないってば」「わかってるよ!」と同じセリフを繰り返して練習すると良い。

赤い子《あかいこ》　（まっすぐな目で見《み》つめている）

まり　まあ、いいか。

まりは濡《ぬ》れている赤《あか》い子《こ》を拭《ふ》いてあげる。女《おんな》の子《こ》たちは彼女《かのじょ》に話《はな》しかけるが彼女《かのじょ》は何《なに》もしゃべらない。心《こころ》を閉《と》ざしているのか、しかし悲壮感《ひそうかん》に漂《ただよ》った顔《かお》をしているわけではない。周《まわ》りの子《こ》たちは食事《しょくじ》の準備《じゅんび》を始《はじ》める。

●実際のお皿などはいらず、マイムでやる。

もえ　ごはんだよ！

なつめ　だよ！　だよ！

もえ　もうペコペコで4キロは痩《や》せたわ。

みんなが座《すわ》る。真《ま》ん中《なか》に赤《あか》い子《こ》。

●半円に座って、真ん中に赤い子。

全員《ぜんいん》　いただきまーす！

みんなが美味《おい》しそうに食事《しょくじ》をしているが、赤《あか》い子《こ》は食《た》べるのを戸《と》惑《まど》う。

あかり　食《た》べていいんだよ。

まり　おいしいよ。

ゆい　食欲《しょくよく》ないの？　……だったらわたしが食《た》べてあげる。

ちあき　やめなさいって。

ゆい　じゃあ、これ（バナナ）と交換《こうかん》？

ちあき　そういう意味《いみ》じゃなくて。

突然《とつぜん》お腹《なか》がぐーっとなる。間《ま》。みんなが笑《わら》う。

あかり　どうぞ召《め》し上《あ》がれ。

赤《あか》い子《こ》はどうぞと言《い》われると突然《とつぜん》ガツガツと食《た》べ始《はじ》める。お皿《さら》に顔《かお》をつけて、最後《さいご》は舐《な》めて美味《おい》しそうに食《た》べる。みんなビックリして見《み》ている。食《た》べ終《お》わると大《おお》きなあくびをしてその場《ば》で寝《ね》てしまう。そしてみんなも大《おお》きなあくびをして寝《ね》てしまう。暗転《あんてん》。

●暗転ができなければ、そのままでも大丈夫。

四場　突然《とつぜん》の別《わか》れ

明《あ》かりがつくとみんな寝《ね》ている。すると突然《とつぜん》目覚《めざ》ましの音《おと》。みんな起《お》き上《あ》がる。

まり　やばい！　あいつが来《き》ちゃう!!

みんなが大急《おおいそ》ぎで掃除《そうじ》を始《はじ》める。アップテンポな曲《きょく》で掃除《そうじ》をしたり、食事《しょくじ》の準備《じゅんび》をするダンス。赤《あか》い子《こ》はその中《なか》で寝《ね》ているが叩《たた》き起《お》こされ、ダンスに参加《さんか》する。ダンスが終《お》わるとバイクが到着《とうちゃく》する音《おと》がする。三輪車《さんりんしゃ》に乗《の》った一人《ひとり》の女性《じょせい》が登場《とうじょう》。女《おんな》は派手《はで》でいかにも嫌《いや》な感《かん》じである。

●ダンスが難しければなしにしても良い。「あいつが来ちゃう!」の後にバイクの音を出して女が登場。

女《おんな》　集合《しゅうごう》。（全員《ぜんいん》が集《あつ》まる。赤《あか》い子《こ》は女《おんな》に見《み》つからないように集団《しゅうだん》の中《なか》に隠《かく》される）まり!!（まりが近《ちか》づく）今週《こんしゅう》の稼《かせ》ぎは？

まり　はい。（封筒《ふうとう》を渡《わた》す）

女《おんな》　これっぽっち??　こんなにいっぱいいるのになんでこれだけしか稼《かせ》げないんだよ！

まり　まだ働《はたら》けない子《こ》たちもいっぱいいます。

女《おんな》　だったら盗《ぬす》みでもなんでもしてくれればいいでしょ!!　役立《やくだ》たずで金《かね》ばっかかかるあんたたちをだれが面倒《めんどう》みてあげてると思《おも》ってるの！

あかり　（小《ちい》さい声《こえ》で）面倒《めんどう》なんてみてないじゃない。

女《おんな》　何《なに》!?　なんか言《い》った？

全員《ぜんいん》　……（すると赤《あか》い子《こ》が顔《かお》を出《だ》す）

女《おんな》　ん？　こんな子《こ》うちにいたっけ？

ちあき　え!?　あのーほら！　ね？（なつめに）

なつめ　えっ！　えええー。ええ!!

あかり　覚《おぼ》えてないんですか？　隣町《となりまち》から引《ひ》き取《と》ってきた……ゆづです。

ちあき　そうそう！　忘《わす》れちゃったの？　ね？

なつめ　えっ！　えええー！　ええ！　えええええ！　えええええ

女《おんな》　あらそうだっけ？　まあいいわ。ちゃんと働《はたら》きなさいよ。（はける）

あかり　……ふぅ。

まり　よくもまあ、そんな嘘《うそ》がつけるね。

さやか　嘘《うそ》も方便《ほうべん》であります。

ゆい　グッジョブ。

まり　ゆづ。いい名前《なまえ》ね。どう？

赤《あか》い子《こ》　（嬉《うれ》しそうな顔《かお》をしている）

●女は怖そうな人をイメージして演じる。その時大事なのは、他の子たちが怖がっていることを表現すること。

もえ　ゆづ！　超《ちょう》かわい！　つーか、ゆづって呼《よ》んでるわたし超《ちょう》かわいくなーい？

ちあき　はいはい。

あかり　今日《きょう》は思《おも》いっきり遊《あそ》んであげるね。

全員《ぜんいん》　いいね!!

みんなでゆづと遊《あそ》ぶ。ボール遊《あそ》びをする。赤《あか》い子《こ》はみんなが投《な》げ合《あ》ってるボールを追《お》いかける。みんなは上手《かみて》にはける。それを遠《とお》くで見《み》ている女《おんな》。女《おんな》、下手《しもて》にはける。空《から》っぽの舞台《ぶたい》で遊《あそ》んでいる声《こえ》が聞《き》こえる。そこにボールが上手《かみて》から転《ころ》がってくる。

あかり　ゆづ！　取《と》ってきてごらん！

赤《あか》い子《こ》がボールを拾《ひろ》うと、そこに女《おんな》が入《はい》ってくる。

女《おんな》　ちょっと一緒《いっしょ》に散歩《さんぽ》に行《い》かないかい？

ゆづは大《おお》きく頷《うなず》き、みんなを呼《よ》びに行《い》こうとする。女《おんな》は彼女《かのじょ》を止《と》める。

女《おんな》　いや、お前《まえ》と二人《ふたり》で行《い》きたいんだ。（ゆづを連《つ》れて行《い》く。バイク音《おん》）

みんなが出《で》てくる。ボールを拾《ひろ》う。

●遊びは子供たちに考えてもらって良い。
●楽しい音楽が流れると良い。

あかり　ゆづ？　どこ行《い》ったの？
なつめ　ええ！　どういうこと？
まり　……まさか。
なつめ　みんなを呼《よ》んでくる！（上手《かみて》に行《い》く。あかりとまりは下手《しもて》に行《い》く）

女《おんな》がゆづと出《で》てくる。

女《おんな》　綺麗《きれい》な草原《そうげん》だろ。人《ひと》っ子《こ》一人《ひとり》いない。……だれもいない。

女《おんな》はゆづの人形《にんぎょう》を取《と》り上《あ》げて投《な》げる。ゆづは人形《にんぎょう》を拾《ひろ》いに行《い》く。そして、振《ふ》り返《かえ》るともうそこには女《おんな》はいない。

●草原は風の音があると雰囲気が出る。

ゆづ　ワン。

ここで初《はじ》めて観客《かんきゃく》は赤《あか》い服《ふく》の子《こ》が犬《いぬ》だと知《し》る。

五場　盲目《もうもく》のピアニスト

ゆづ（犬《いぬ》）がゆっくり舞台上《ぶたいじょう》を歩《ある》く。そこにまた人《ひと》たちが通《とお》り過《す》ぎていく。彼女《かのじょ》を一瞬《いっしゅん》見《み》る人《ひと》、全《まった》く見《み》ない人《ひと》たちがいる。赤《あか》い服《ふく》の子《こ》は疲《つか》れてゆっくり下手《しもて》に座《すわ》る。まるで何百《なんびゃく》キロも一人《ひとり》で歩《ある》いて来《き》たかのようである。上手《かみて》からピアノの音《おと》が聞《き》こえてくる。そこには青《あお》い服《ふく》を着《き》たピアニスト（ゆうき）が曲《きょく》を弾《ひ》き、一緒《いっしょ》に踊《おど》っているダンサーたちがいる。それを見《み》ている観客《かんきゃく》たち。曲《きょく》が終《お》わる

●舞台上をゆっくり一周する。ゆづが歩いているうちにピアノをセット。
●音楽は子供たちが好きな曲で良い。
●ストリートパフォーマンスとして、箱を用意してダンスが終わったらお金を入れる。

と観客《かんきゃく》たちは拍手《はくしゅ》して去《さ》っていく。

● ゆみだけみんなの会話に入っていない。

さき　今日《きょう》も最高《さいこう》だったね。
さくら　そうだね。
めいさ　超盛《ちょうも》り上《あ》がったね。
きなこ　ゆうきはどうだった？
ゆうき　うん！　バッチシ！
さくら　そういえばさ、ゆうき新曲《しんきょく》作《つく》ったんでしょ？
きなこ　そうなの！　今回《こんかい》こそは歌詞《かし》をつけるの？
ゆうき　まだ良《い》いのが思《おも》いつかなくて。
さくら　じゃあつけたら、わたしが歌《うた》ってあげるね。
さき　いや、あんたはやめた方《ほう》がいいでしょ。
さくら　なんでよ！（みんな笑《わら》う）
めいさ　ねえ、今日《きょう》5組《くみ》のりょうくんが見《み》に来《き》てたんだけど気《き》づいた？
さくら　来《き》てた！　来《き》てた！　超緊張《ちょうきんちょう》しちゃったよ！
さき　やっぱイケメンだよね！
めいさ　そうそう！　あのキリッとした目《め》が最高《さいこう》。
きなこ　男《おとこ》はやっぱりルックスだよね。
全員《ぜんいん》　だよね！
さくら　ゆみはどう思《おも》う？
ゆみ　えっ。う、うん。
さき　ゆうきは？
ゆうき　わたしはりょうくんの声《こえ》が優《やさ》しくて好《す》きかな。
さくら　声《こえ》ね！

めいさ　やっぱり見《み》ているところが違《ちが》うわ。
ゆあ　（箱《はこ》を持《も》って来《き》て）ちょっと見《み》てよ！　こんなに入《はい》ってたよ。
そら　（中《なか》のお金《かね》を見《み》て）これさ、うわ！　こんなにあったらうまい棒《ぼう》がいっぱい買《か》えるじゃん！
さき　じゃあ片《かた》づけちゃおうか。
全員《ぜんいん》　うん。
さくら　ちょっと待《ま》っててね。
ゆうき　うん。ありがとう。

みんながはける。ゆみが白杖《はくじょう》を持《も》ってきてゆうきにわたす。

ゆみ　（元気《げんき》なく）はい。
ゆうき　ありがとう。……ゆみ。
ゆみ　うん？
ゆうき　大丈夫《だいじょうぶ》？　どうかしたの？
ゆみ　え？　どうして。
ゆうき　なんか元気《げんき》ないから。
ゆみ　そんなことないよ。
ゆうき　……本当《ほんとう》に？
ゆみ　えっ。
ゆうき　よかったら話聞《はなしき》くよ。
ゆみ　ゆうき。
ゆうき　どうしたの？
ゆみ　……あのね。ダンスがうまくいかなくて。やっぱり才能《さいのう》ないのかなって。

ゆうき　そうか。ゆみさ、今週《こんしゅう》オーディションあるんだよね？
ゆみ　うん。でも受《う》けるのやめようかな。
ゆうき　なんで？
ゆみ　だって、わたしより上手《じょうず》な人《ひと》いっぱいいるしさ。それにわたしはゆうきみたいに才能《さいのう》ないもん。
ゆうき　ゆみはさ、踊《おど》るの好《す》き？
ゆみ　う、うん。
ゆうき　わたしも演奏《えんそう》するの大好《だいす》き。ピアノに出会《であ》えたのは奇跡《きせき》。才能《さいのう》あるかはわからないけど、この好《す》きなことをたくさんの人《ひと》たちに届《とど》けたい。ゆみは？
ゆみ　うん。わたしも。
ゆうき　でも、時々《ときどき》いじわるなんだよね。うまく弾《ひ》けないんだ。
ゆみ　ゆうきにもそんなことあるの？
ゆうき　もちろん！
ゆみ　そうなんだ。(間《ま》)
ゆうき　ねえ。虹《にじ》って見《み》たことある？
ゆみ　うん。
ゆうき　すごく綺麗《きれい》なんでしょ？
ゆみ　うん。
ゆうき　でもさ、虹《にじ》って雨《あめ》が降《ふ》らないと出《で》て来《き》てくれないんだよね。……出《で》て来《き》たらいいね。
ゆみ　虹《にじ》か。わたしの前《まえ》にも出《で》て来《き》てくれるかな？
ゆうき　うん！　絶対《ぜったい》に。
ゆみ　ありがとう。みんなの手伝《てつだ》いしてくるね。(はける)

ゆみがはけようとして止《と》まる。

ゆみ　ゆうき、なんでわたしが元気《げんき》ないってわかったの？

ゆうき　音《おと》を聞《き》いたの。心《こころ》の音《おと》。心《こころ》は嘘《うそ》をつけないからさ。

ゆみ　心《こころ》の音《おと》か。ゆうき。本当《ほんとう》にありがとう。（はける）

それを一部始終《いちぶしじゅう》見《み》ていたゆづ。

ゆうき　……（ゆづに）あなたは大丈夫《だいじょうぶ》？

ゆうき　おいで。（ゆづが近《ちか》づく。ゆうきはゆづを撫《な》でてあげる。身体《からだ》を触《さわ》りながら）だいぶ遠《とお》くから歩《ある》いてきたのね。大丈夫《だいじょうぶ》？

ゆづ　クゥーン。

ゆうき　そうか。迷子《まいご》になっちゃったんだ。うん。大丈夫《だいじょうぶ》。（撫《な》でてあげる）

●ゆづがゆうきに近づく時に人形を置いて行く。

他《ほか》の子《こ》たちがピアノなどを片《かた》づけている。二人《ふたり》が話《はな》しているとメンバーがゆづの大事《だいじ》にしている人形《にんぎょう》を間違《まちが》えて持《も》って行《い》ってしまう。

さき　ゆうき。迎《むか》えが来《き》たよ。行《い》こう。

そら　ねえねえ聞《き》いてよ。さっきのお金《かね》でうまい棒《ぼう》がね……あれ？　何本《なんぼん》だっけ？

ゆあ　７６０本《ほん》ね。

そら　そんなに買《か》えるの！

さくら　その子《こ》、どうしたの？

ゆうき　一人《ひとり》ぼっちなの。

さくら　本当《ほんとう》だ。
さき　飼《か》い主《ぬし》がどこか行《い》ってるんじゃない。
ゆうき　ずーっと遠《とお》くから一人《ひとり》で歩《ある》いて来《き》たんだって。
さくら　ふーん。
ゆみ　かわいいね。お名前《なまえ》は？
めいさ　（上手《かみて》から）迎《むか》え来《き》たよ。行《い》くよー！
きなこ　うちあげできなくなっちゃうよ！
さくら　行《い》こう。
ゆうき　でも、迷子《まいご》なんだって。
さき　飼《か》い主《ぬし》が迎《むか》えに来《く》るよ。行《い》こう。

六場　学校《がっこう》

ゆうきを連《つ》れて行《い》く。また一人《ひとり》になるゆづ。そして自分《じぶん》の人形《にんぎょう》がないことに気《き》づく。そしてまたトボトボと一人《ひとり》で歩《ある》き始《はじ》める（観客席《かんきゃくせき》まで行《い》ってしまってもおもしろい）。

ゆづが一人《ひとり》で歩《ある》いていると学校《がっこう》のチャイムの音《おと》が聞《き》こえて来《く》る。ゆづは学校《がっこう》にたどり着《つ》く。椅子《いす》が横並《よこなら》びで並《なら》んでいて、何人《なんにん》かの子《こ》たちが楽《たの》しそうに喋《しゃべ》っている。そこに登校《とうこう》してくる子供《こども》たち。そして曲《きょく》が流《なが》れ始《はじ》め、学校《がっこう》の風景《ふうけい》を動《うご》きで表現《ひょうげん》。座《すわ》ったり立《た》ったりしているが、そこに一人《ひとり》だけずっと座《すわ》っている黄色《きいろ》の服《ふく》を着《き》た子《こ》（すず）がいる。音楽《おんがく》が終《お》わる。

●音楽の中、椅子に座ったままのラインダンス。参考としてYouTubeをはじめとしたインターネット動画サイトで見つけられる。難しかったらダンスなしでも大丈夫。

菊池先生《きくちせんせい》　よーし。テスト返《かえ》すよ。

教室《きょうしつ》がざわめく。すずは何《なに》かをノートに書《か》いている。

ひろと　やばいって！　やばいって！　ねえ、やばいよね！？
ゆうや　わたしは自信満々《じしんまんまん》であります。今回《こんかい》こそはクラスーになってみせます。
こうし　テストもいいけどさ、今日《きょう》のおれ、超《ちょう》かっこよくなーい！
なぎさ　ん？　そうだね。（フランスパンを食《た》べている）
ひろと　またパン食《た》べてる！　やばいよ！　菊池先生《きくちせんせい》に怒《おこ》られるって！

ふうか　テストとか超《ちょう》ダルいんですけど。
れいと　マジ卍《まんじ》!!　勘弁《かんべん》してほしいわ。
みれい　バイブス下《さ》がるし、まじメンディー。
ふうか　つーかあんた、わたしが貸《か》したマンガ持《も》って来《き》てくれた？
れいと　あっ。忘《わす》れちゃった。
ふうか　はあ！　いつ返《かえ》してくれるのよ？
みれい　ちょいまち！　今度《こんど》はわたしが借《か》りるんだぞ！　メンブレー！
れいと　メンゴメンゴ。今度《こんど》、ガリガリ君《くん》おごるからさ。
みれい　それマジ卍《まんじ》！
ふうか　うーん。なしよりのありかな。パピコだったらオーケー。
れいと　それはガチでなしよりのなしっしょ！
ふうか　えー！　ありよりのありでしょ！
みれい　まあ、なんつーかあれだね。……今日《きょう》イトーヨーカドー行《い》こうよ。

●ギャルｏｒギャル男を演じる。

れいと　話《はなし》めっちゃ変《か》わってるし。

ふうか　わたし、けつかっちんだから。

れいと　俺《おれ》も秒《びょう》でソクサリだから。

みれい　マジでー落《お》ち込《こ》みそう!!

菊池先生《きくちせんせい》　はいはいはい！　静《しず》かにする！　一人《ひとり》ずつ返《かえ》していくよ。（菊池先生《きくちせんせい》が生《せい》徒《と》たちを呼《よ》んでテストを返《かえ》す。みんながそれぞれ自分《じぶん》の点数《てんすう》にリアクション）

ひな　すずちゃん、ドキドキしない？

すず　え、そうだね。（ノートを隠《かく》す）

ひな　何《なに》を書《か》いてるの？

すず　なんでもないよ。

あい　すずちゃんのことだから絶対《ぜったい》に100点《てん》だよね。

すず　……。

ひな　すずちゃん？

すず　ごめん。いや、毎回《まいかい》100点《てん》ってわけじゃ……。

菊池先生《きくちせんせい》　すず。今回《こんかい》も100点《てん》はあなただけよ。

あい　ほらやっぱり。（ゆうやが悔《くや》しそうにしてる）

ゆうや　また負《ま》けた！　くそー！

ひろと　次《つぎ》は勝《か》てるって！　ね。勝《か》てるって。

ゆうや　くそー！

ひろと　やばい！　めっちゃ怒《おこ》ってる！　めっちゃ怒《おこ》ってるって！

こうし　やったね。

すず　あ、う、うん。

こうし　きゃー！　クールなすずちゃんに「あ、う、うん。」って言《い》われた今日《きょう》の俺超《おれちょう》かっこよくなーい！

菊池先生《きくちせんせい》　はい。次《つぎ》いくよ！　あい。

あい　はーい。（菊池先生《きくちせんせい》が一緒《いっしょ》にすずのテスト用紙《ようし》も渡《わた》す。あいはすずに渡《わた》す）

すず　ごめんね。

チャイム。

菊池先生《きくちせんせい》　今日《きょう》はここまで。気《き》をつけて帰《かえ》るんだよ。……なぎさ、あんたまたフランスパン食《た》べてたでしょ。

全員《ぜんいん》　……。

菊池先生《きくちせんせい》　今度《こんど》どこのパン屋《や》で買《か》ってるか教《おし》えてね。さよなら。

ひろと　って、パン持《も》って来《く》るのいいのかい！

全員《ぜんいん》　さよなら。

菊池先生《きくちせんせい》とギャルたちはける。椅子《いす》も持《も》っていく。

ひな　ちょっと待《ま》っててね。

すず　うん。ごめんね。（ひなはける）

こうし　何《なに》して遊《あそ》ぶ？

ひろと　外《そと》で遊《あそ》ぼうよ！　ドロケーは？

こうし　いいね！

ゆうや　皆《みな》さん。もうすぐクラス対抗《たいこう》のドッジボール大会《たいかい》ですよ。

こうし　そうだね。練習《れんしゅう》しないとね。

なぎさ　パン食《た》べながらでいい？

ひろと　じゃあ練習《れんしゅう》しようよ。やるでしょ？（あいを見《み》る）
あい　でも……。（全員《ぜんいん》がすずを見《み》る）
すず　……ごめん。今日《きょう》は帰《かえ》らなきゃ。やらなきゃいけないことがあるの。
こうし　そうなんだ。
ゆうや　また明日《あした》ね。（あい以外《いがい》がはける）
あい　すずちゃん
すず　大丈夫《だいじょうぶ》。ほら、練習《れんしゅう》行《い》って来《き》なよ。
あい　……う、うん。ごめんね。バイバイ。
すず　バイバイ。

全員《ぜんいん》が上手《かみて》にはける。すずは一人《ひとり》で教室《きょうしつ》に残《のこ》る。ノートを取《と》り出《だ》して詩《し》を読《よ》み出《だ》す。

空《そら》を見《み》あげてごらん
ひとつのカモメ
隣《となり》にも　ひとつ
違《ちが》うカオ

すずがノートをしまう。間《ま》。車椅子《くるまいす》を持《も》ってひなが戻《もど》ってくる。

ひな　すずちゃん。……あれ、みんなは？
すず　外《そと》にドッジボールの練習《れんしゅう》をしに行《い》ったよ。
ひな　そうなんだ。

＊詩は筆者作。
タイトルなし（原田亮）

すず　行《い》って来《き》たら？

ひな　すずちゃんも一緒《いっしょ》に行《い》かない？　去年《きょねん》、すずちゃん大活躍《だいかつやく》だったでしょ。だから、みんなに教《おし》えてあげてよ。

すず　わたしはいいよ。

ひな　じゃあわたしもいいや。何《なに》して遊《あそ》ぶ？

すず　いいから行《い》きなよ。

ひな　絵描《えか》こうか？　あっ！　それともトランプやる？

すず　行《い》って来《き》て。

ひな　でも……すずちゃん、テスト本当《ほんとう》にすごいよね。わたしは７０点《てん》だった。今度勉強教《こんどべんきょうおし》えてよ。すずちゃん、なんでもできちゃうんだもん。わたし、すずちゃんみたいになりたいな。

すず　もういいから行《い》ってよ！　……ごめん。

ひな　……ごめんなさい。

すず　ごめん。……わたし帰《かえ》るね。（車椅子《くるまいす》ではける）

暗転《あんてん》。

七場　ひとつ

明《あ》かりがつくと、雨《あめ》が降《ふ》っている。そこに上手《かみて》からすずが濡《ぬ》れないところを探《さが》して、雨宿《あまやど》りしている。自分《じぶん》のノートを取《と》り出《だ》す。そこにゆづが下手《しもて》から入《はい》って来《き》て中央《ちゅうおう》で雨宿《あまやど》りする。すずはゆづに気《き》づいていない。すずは詩《し》を読《よ》み始《はじ》める。

耳《みみ》をすましてごらん
ひとつの波《なみ》
すぐ後《あと》に　またひとつ
違《ちが》う音《おと》

ひとつ　ひとつ　集《あつ》まって
ひとつ　ひとつ　また
ひとつ　ひとつと

すると、下手《しもて》からゆうきが出《で》て来《き》て雨宿《あまやど》りをする。ゆうきはすずの詩《し》を聞《き》いている。

虹《にじ》がでた
となりには君《きみ》
手《て》をつなぐ
あたたかい

すずはノートを投《な》げる。それがゆづところに落《お》ちる。ゆづは拾《ひろ》う。そして、ゆづはゆうきに気《き》づき近《ちか》づく。

ゆづ　　ワン。
ゆうき　こんにちは。よかった。やっと見《み》つけた。（人形《にんぎょう》を返《かえ》す）はいこれ。

ゆづは人形《にんぎょう》がもどって来《き》て喜《よろこ》ぶ。

ゆうき　ごめんね。じゃあね。（はけようとする）

その姿《すがた》を見《み》ているすずははけようとする。しかし、車椅子《くるまいす》が壊《こわ》れていて動《うご》けない。困《こま》っているとゆづがゆうきをすずのところに連《つ》れて行《い》く。

すず　あっ。どうも。
ゆうき　とても素敵《すてき》な詩《し》ですね。
すず　聞《き》いてたの？
ゆうき　うん。素敵《すてき》だなって。
すず　そんなことないですよ。
ゆうき　自分《じぶん》で書《か》いたんですか？
すず　……まあね。
ゆうき　はい。これあなたのでしょ？（ノートを渡《わた》す）どうかしたの？
すず　……車椅子《くるまいす》が壊《こわ》れちゃって。
ゆうき　車椅子《くるまいす》？（足《あし》を触《さわ》る。すずの前《まえ》に膝《ひざ》をつけておんぶする格好《かっこう》）どうぞ。
すず　何《なに》？
ゆうき　何《なに》って。おんぶだよ。
すず　悪《わる》いよ。
ゆうき　大丈夫《だいじょうぶ》。それにこんなところにいたら風邪《かぜ》ひいちゃうよ。
すず　悪《わる》いって。……だってあなた。
ゆうき　こう見《み》えて力持《ちからも》ちだから。さあ。（おんぶする）こっちでいい？
すず　ごめんなさい。
ゆうき　なんで謝《あやま》るの？

すず　だって。わたし人《ひと》に迷惑《めいわく》ばかりかけて。
ゆうき　（間《ま》）ねえ、あなたの声《こえ》ってとても素敵《すてき》ね。あなただけにくれた神様《かみさま》からのプレゼントだね。
すず　そんなこと、……あれ？（雨《あめ》がやんでいる）
ゆづ　（夕日《ゆうひ》の中《なか》に虹《にじ》が出《で》ていることに気《き》づく）
すず　うわー綺麗《きれい》。
ゆうき　虹《にじ》が出《で》てるの？
すず　うん。夕日《ゆうひ》に虹《にじ》。
ゆうき　……本当《ほんとう》だ。あたたかい。（間《ま》）ねえ、今度《こんど》わたしの曲《きょく》で歌《うた》ってもらっていい？
すず　え！　わたしが？
ゆうき　あなたに歌《うた》ってほしいの。お願《ねが》い。
すず　……うん。
ゆうき　ありがとう。
すず　うん。わたしこそありがとう。（ゆづに）あなたも一緒《いっしょ》に歌《うた》ってくれる？
ゆづ　（大《おお》きくうなずく）

三人《さんにん》は一緒《いっしょ》に虹《にじ》を見《み》ている。曲《きょく》が流《なが》れ始《はじ》める。人々《ひとびと》が通《とお》り過《す》ぎて行《い》くが、足《あし》を止《と》めて虹《にじ》を見《み》つめる。全員《ぜんいん》で合唱《がっしょう》。

終《お》わり

●曲は子供たちが決めて良い。
【参考】絢香作詞・作曲『にじいろ』

5 ウォール（壁《かべ》の先《さき》）

主題　挑戦《ちょうせん》
対象学年　高学年《こうがくねん》
人数　1クラス　40人《にん》
時間　35分《ふん》
あらすじ　ある日《ひ》、ゆうは壁《かべ》の向《む》こうから紙飛行機《かみひこうき》が飛《と》んできたのを見《み》つける。その飛行機《ひこうき》にはメッセージが書《か》いてあった。それからゆうはなんでここに壁《かべ》があるのか、向《む》こう側《がわ》には何《なに》があるのか疑問《ぎもん》を抱《いだ》くようになった。そして彼女《かのじょ》は壁《かべ》の向《む》こう側《がわ》に行《い》くために旅《たび》をする。そこで出会《であ》うたくさんの人《ひと》たち。ゆうは壁《かべ》のゴールに着《つ》き、そして向《む》こう側《がわ》に行《い》けるのか？
登場人物　ゆう・友達《ともだち》1〜3・通《とお》りすがりの人々《ひとびと》1〜6・さら・しおり・ゴルー二村《むら》の村人《むらびと》1〜5・ミルック村《むら》の村人《むらびと》6〜10・ひかり・子供《こども》たち・ダンサー1〜5・司会者《しかいしゃ》・チームジャバウォーク・おばあ・少年《しょうねん》・隣町《となりまち》の子供《こども》たち

- 壁は舞台前にあるものとする。
- この作品は分断された世界の象徴としての「壁」と子供たちが生きていく中でぶつかる「壁」の二重構造になっている。
- 衣装は全員が少し汚れた服装が理想だが、絶対ではない。ティーシャツに汚しを掛けたものを使ってもよい。

一場

少女《しょうじょ》

舞台《ぶたい》の上《うえ》は空《から》っぽ。セットのない空間《くうかん》。人々《ひとびと》が通《とお》り過《す》ぎて行《い》く。みんなの格好《かっこう》は汚《よご》れている。人々《ひとびと》が通《とお》り過《す》ぎたあと、ゆうが横切《よこぎ》り、そして止《と》まる。ゆうは舞台前《ぶたいまえ》の見《み》えない壁《かべ》に手《て》を触《ふ》れる。

ゆう　（手《て》には一《ひと》つの紙飛行機《かみひこうき》を持《も》っている）わたしは空《そら》が好《す》き。特《とく》に雲《くも》たちが散《さん》歩《ぽ》してるのを見《み》るのが好《す》き。でもね、いつも見失《みうしな》ってしまうんだ。この壁《かべ》の向《む》こうに行《い》っちゃうと見《み》えなくなっちゃう。雲《くも》たちはどこへ行《い》っちゃうんだろう。そんなある日《ひ》、壁《かべ》の向《む》こうから一《ひと》つの紙飛行機《かみひこうき》が飛《と》んできた。（紙飛行機《かみひこうき》を広《ひろ》げる）「そちらはどんな空《そら》が広《ひろ》がっていますか？」……これが始《はじ》まりだった。なんでここに壁《かべ》があるんだろう。ずーっとずーっと続《つづ》いている。

友達《ともだち》が登場《とうじょう》。

友達《ともだち》1　ゆうちゃん。何《なに》してるの？

ゆう　ここに大《おお》きな壁《かべ》があるでしょ？

友達《ともだち》2　そういえばそうだね。

友達《ともだち》3　全然気《ぜんぜんき》にしたことなかった。

ゆう　こいつのせいで雲《くも》の散歩《さんぽ》が見《み》えなくなっちゃう。

通《とお》りすがりの人々《ひとびと》が登場《とうじょう》。ゆうが話《はな》しかける。

ゆう　すみません。なんでここに壁《かべ》があるか知《し》ってる？

人々《ひとびと》1　うーん。考《かんが》えたこともなかったな。知《し》ってる？

人々《ひとびと》2　わからない。

ゆう　向《む》こうには何《なに》があるのかな？

人々《ひとびと》3　知《し》ってる？

人々《ひとびと》4　知《し》らない。

人々《ひとびと》5　学校《がっこう》でも教《おし》えてもらったことないね。

人々《ひとびと》6　家《いえ》でもそんな話《はなし》しない。

人《ひと》たちがはけていく。

ゆう　この先《さき》をずーっと行《い》くと壁《かべ》の終《お》わりがあるのかな？

友達《ともだち》1　さあね。

友達《ともだち》2　まあ、ゴールがあるんじゃないの？

友達《ともだち》3　あっ、遅《おく》れちゃうよ。行《い》こう行《い》こう。（友達《ともだち》ははける）

ゆう　（紙飛行機《かみひこうき》を見《み》て）向《む》こうの空《そら》って……。

ゆうが歩《ある》き始《はじ》める。

二場　二《ふた》つの村《むら》

ゆうは歩《ある》き続《つづ》ける。すると上手《かみて》からさらが本《ほん》を持《も》って登場《とうじょう》し、だれかを待《ま》っている。

ゆう　あのー。

さら　しおりちゃん！　（違《ちが》ったかという顔《かお》で）……だれ？

ゆう　わたしはゆうって言《い》います。

さら　こんにちは。

ゆう　こんにちは。あの、この壁《かべ》の終《お》わりを知《し》ってる？

さら　この壁《かべ》の終《お》わり？　そんなの知《し》らないけど。

ゆう　そうか。……なんの本《ほん》を読《よ》んでるの？

さら　これ？　……はい。（本《ほん》を渡《わた》す）

ゆう　『種《たね》をまく人《ひと》』（本《ほん》を開《ひら》く）

さら　あなたは何《なに》をしてるの？

ゆう　壁《かべ》の向《む》こう側《がわ》に行《い》きたくて。だから壁《かべ》の終《お》わりを探《さが》して旅《たび》をしてるの。

さら　そう。（壁《かべ》の見《み》て）向《む》こう側《がわ》か。

ゆう　（本《ほん》を返《かえ》しながら）ここはなんていうところなの？

さら　ゴルーニ村《むら》とミルック村《むら》。

ゆう　二《ふた》つ名前《なまえ》があるの？

さら　人《ひと》によって呼《よ》び方《かた》が違《ちが》うの。わたしはゴルーニ村《むら》って呼《よ》んでる。

ゆう　どうして？

さら　それは……。

ゴルーニ村《むら》の村人《むらびと》1～5が登場《とうじょう》。

村人《むらびと》2　あそこにいるよ！

村人《むらびと》1　ちょっと何《なに》やってるの？

さら　いや、別《べつ》に。

村人《むらびと》2　あれ～？　また一人《ひとり》ぼっちですか？

村人《むらびと》3　一人《ひとり》ぼっち大好《だいす》きだもんね。友達《ともだち》いないの？

村人《むらびと》4　こいつに友達《ともだち》なんているわけないじゃんねー？（5に同意《どうい》をもとめる）

村人《むらびと》5　うん。そうだよね。

村人《むらびと》4　だって、あんたのお父《とう》さんと一緒《いっしょ》で村《むら》の嫌《きら》われ者《もの》だもんね。

村人《むらびと》1　ん？　あんただれ？

● 衣装：二つの村をわかりやすくするために二色のスカーフを巻くと良い。

ゆう　わたしは、壁《かべ》の終《お》わりを探《さが》しに……。
村人《むらびと》1　は？　何言《なにい》ってんの？
村人《むらびと》2　それよりあんた。頼《たの》んだもの持《も》ってきたの？
さら　ううん。
村人《むらびと》3　はあ！　何《なに》やってんのよ。
村人《むらびと》4　本当《ほんとう》に使《つか》えないね。
村人《むらびと》1　役立《やくだ》たず。
村人《むらびと》2　明日《あす》までに絶対《ぜったい》に持《も》って来《き》なさいよ。
村人《むらびと》3　もし持《も》って来《こ》なかったら……わかってるよね？　ふん！

ゴルーニ村《むら》の村人《むらびと》たちがはける。

ゆう　何今《なにいま》の？
さら　いや、別《べつ》に。
ゆう　大丈夫《だいじょうぶ》？
さら　うん。
ゆう　でも……。

村人《むらびと》5が一人《ひとり》で戻《もど》ってくる。

村人《むらびと》5　さらちゃん。
さら　……。
村人《むらびと》5　さっきはごめんね。
さら　いいよ、気《き》にしてないから。

村人《むらびと》5　でも、あんな言《い》い方《かた》……。
さら　平気《へいき》だって。それよりわたしと一緒《いっしょ》にいない方《ほう》がいいんじゃないの？
村人《むらびと》5　……うん、でも。最近《さいきん》みんなちょっとやりすぎだなって思《おも》って。みんなひどいよね。
さら　自分《じぶん》は悪《わる》くないんだ？
村人《むらびと》5　え？
さら　わたしは大丈夫《だいじょうぶ》だから、もう行《い》って！
村人《むらびと》5　……ごめんね。本当《ほんとう》にごめんね。（はけようとすると、しおりが入《はい》ってくる）
しおり　さらちゃーん、お待《ま》たせー！（ドテーンと転《ころ》ぶ）
さら　しおりちゃん。大丈夫《だいじょうぶ》？
しおり　えへへ。大丈夫大丈夫《だいじょうぶだいじょうぶ》。ちゃんと受《う》け身《み》とったから。はい、これ。（本《ほん》を差《さ》し出《だ》す）
さら　ありがとう。
村人《むらびと》5　え！　ちょっとさらちゃん。なんでミルック村《むら》の子《こ》と話《はな》してるの？
さら　別《べつ》にいいでしょ。
村人《むらびと》5　ダメだよ！　だって、あっちの村《むら》とは関《かか》わっちゃいけないって言《い》われてるでしょ。
ゆう　どういうこと？
さら　わたしたちは友達《ともだち》になっちゃいけないの。
ゆう　なんで？
しおり　ずーっと昔《むかし》からわたしの住《す》んでいるミルック村《むら》とさらちゃんのゴルーニ村《むら》はケンカしてるの。
さら　でも、わたしたちには関係《かんけい》ない。
村人《むらびと》5　だけど、最近《さいきん》だってあっちの村《むら》の人《ひと》たちにひどいことされたって。

さら　そんなのわたしたちだってこの子《こ》の村《むら》にしてる。

ゆう　なんでそんな仲《なか》が悪《わる》いの？

しおり　理由《りゆう》はわからないんだ。大人《おとな》たちは「あいつらはわたしたちと違《ちが》うから」って。

さら　本当《ほんとう》にくだらないよ。

村人《むらびと》5　……。

さら　（5に向《む》かって）帰《かえ》ったら？　こんなところ見《み》られたらあんたまでいじめられるよ。

しおり　あんなこと言《い》っていいの？

村人《むらびと》5　……。（はける）

さら　いいの。わたしたち何《なに》も悪《わる》くないし。……（自分《じぶん》の持《も》っている本《ほん》をしおりに渡《わた》す）はい。

しおり　ありがとう。

さら　あっ。わたしもう一冊渡《いっさつわた》したい本《ほん》があったんだ。ちょっと待《ま》ってて。（はける）

しおり　わかった。

ゆう　あの子《こ》、強《つよ》いね。

しおり　うん。でも、さらちゃん大変《たいへん》なんだ。あの子《こ》のお父《とう》さんがこれからは二《ふた》つの村《むら》が仲良《なかよ》くならなきゃダメだって言《い》ったの。それで関係《かんけい》を築《きず》くために、二《ふた》つの村《むら》が一緒《いっしょ》に使《つか》える「希望《きぼう》のタネ」っていう図書館《としょかん》をつくったの。

ゆう　図書館《としょかん》？

しおり　うん。でも村人《むらびと》たちはバカらしいって言《い》ってだれも使《つか》わないんだ。

ゆう　しおりちゃんは？

しおり　わたしは本《ほん》が大好《だいす》きでこっそり行《い》ってたの。そこでさらちゃんと友達《ともだち》になった。でもね。おじさん、村《むら》の人《ひと》たちに裏切《うらぎ》り者扱《ものあつか》いされてひどい目《め》にあってるんだ。でも、おじさんは、「いつかわかってもらえるから大丈夫《だいじょうぶ》。希望《きぼう》のタネをまき続《つづ》けよう」って。

ゆう　そうなんだ。……タネ？　その本《ほん》と同《おな》じだ。

しおり　（本《ほん》を見《み》て）本当《ほんとう》だ。

ミルック村《むら》の村人《むらびと》6～10が登場《とうじょう》。

村人《むらびと》6　おい！　お前《まえ》ここで何《なに》やってんだよ！

村人《むらびと》7　いつもの場所《ばしょ》に集合《しゅうごう》って言《い》っただろ。

村人《むらびと》8　忘《わす》れたとか？

しおり　ごめんなさい。

村人《むらびと》9　じゃあさ、ジュース買《か》ってきて。

しおり　えっ。

村人《むらびと》7　何《なに》か文句《もんく》ある？

村人《むらびと》9　もちろん全員分《ぜんいんぶん》ね。

村人《むらびと》10　いいねそれ！

しおり　……。

村人《むらびと》8　はい。文句《もんく》ないね。

村人《むらびと》9　ほら、早《はや》く行《い》ってこいよ！

村人《むらびと》10　早《はや》く！

村人《むらびと》8　走《はし》って！

村人《むらびと》6　行《い》ってらっしゃい！

しおり　そんなお金《かね》ないし。

村人《むらびと》8　はあ！　何言《なにい》ってんの？　……ん？　（本《ほん》を奪《うば》う）なんだこれ？

しおり　ちょっとそれは友達《ともだち》から借《か》りた本《ほん》なんだ。返《かえ》して。
村人《むらびと》8　そんなに大事《だいじ》なものなのかよ。（本《ほん》をパスしてとらせない）
ゆう　ちょっとやめなよ！
村人《むらびと》10　うるせー！　その本破《ほんやぶ》っちゃえよ！
しおり　やめて！
村人《むらびと》6　おっけー！（本《ほん》を破《やぶ》ろうとする）

声《こえ》がする。

村人《むらびと》5　おい！　やばいぞ！　ゴルーニ村《むら》のやつらがこっちに来《く》るぞ！
村人《むらびと》7　やばい！　行《い》くぞ！（本《ほん》を置《お》いてはける）

村人《むらびと》5が入《はい》ってくる。しおりは大事《だいじ》そうに本《ほん》を拾《ひろ》う。

村人《むらびと》5　大丈夫《だいじょうぶ》？
ゆう　今《いま》のはあなたが？
村人《むらびと》5　うん。
しおり　ありがとう。
村人《むらびと》5　いや、そんな。（さらが戻《もど》ってくる）
さら　お待《ま》たせ。本持《ほんも》ってきたよ。どうしたの？（5に）お前《まえ》がやったの？
しおり　違《ちが》うよ！　わたしを助《たす》けてくれたんだ。
さら　えっ。
村人《むらびと》5　……わたし、行《い》こうかな。
しおり　ちょっと待《ま》って……よかったら一緒《いっしょ》に読《よ》まない？

村人《むらびと》5　えっ……。（さらの方《ほう》を見《み》て）いいの？

さら　（首《くび》を縦《たて》に振《ふ》る）

村人《むらびと》5　ありがとう！

しおり　何《なに》持《も》って来《き》たの？

さら　これ。

しおり　おもしろそう！　一緒《いっしょ》に読《よ》もう！

村人《むらびと》5　うん！

三人《さんにん》が本《ほん》を読《よ》む。ゆうがその三人《さんにん》を見《み》て、

ゆう　わたし、行《い》きます。

さら　旅《たび》を続《つづ》けるの？（ゆうがうなずく）（しおりと5に）この壁《かべ》の向《む》こう側《がわ》を目《め》指《ざ》して旅《たび》をしてるんだって。

村人《むらびと》5　壁《かべ》の向《む》こう側《がわ》か。何《なに》があるんだろう。

しおり　そうだね。（ゆうに）きっと行《い》けるよ！　がんばってね。

ゆう　ありがとう。

さら　また会《あ》おう。

しおり　今度《こんど》はわたしたちの図書館《としょかん》に遊《あそ》びに来《き》て。

ゆう　うん！

ゆうははける。三人《さんにん》は反対側《はんたいがわ》にはける。

三場　忘《わす》れてしまった少女《しょうじょ》

舞台《ぶたい》の上《うえ》にはひかりが壁《かべ》の前《まえ》に座《すわ》ってジョウロで水《みず》をあげて「伸《の》びろー伸《の》びろー」と呪文《じゅもん》をかけている。ゆうが入《はい》ってくる。ひかりは気《き》づいてない。

ひかり　伸《の》びろー伸《の》びろー。
ゆう　何《なに》してるの？
ひかり　わ!!　トトロ!?
ゆう　えっ？
ひかり　ごめん。（また地面《じめん》に向《む》かって）伸《の》びろー！　伸《の》びろー！
ゆう　いや、だから、何《なに》してるの？
ひかり　ん？（呪文《じゅもん》をやめて）木《き》が伸《の》びるように魔法《まほう》をかけてるの。
ゆう　木《き》？
ひかり　ブドウの木《き》を植《う》えたの。
ゆう　ブドウの木《き》？
ひかり　うん。いつかこの子《こ》が育《そだ》って、ツルが壁《かべ》の向《む》こうまで行《い》かないかなって。それでツルを登《のぼ》って向《む》こう側《がわ》に行《い》きたいなーって。
ゆう　どうして？
ひかり　会《あ》いたい人《ひと》がいるの。
ゆう　向《む》こう側《がわ》に？
ひかり　うん。
ゆう　友達《ともだち》？
ひかり　そこが問題《もんだい》なのよ。……わからないの。でもだれか。だれかに会《あ》いたくて、

●ひかりは、何か魔法を使うかのようにやるのがおもしろい。

そんな気《き》がするんだ。

ゆう　そうなんだ。

ひかり　でも、それがだれなのか。うーん。……とても大切《たいせつ》な人《ひと》。

ゆう　大切《たいせつ》な人《ひと》？

ひかり　そう。大切《たいせつ》な人《ひと》。うーん。でも忘《わす》れちゃった。だれだっけなあ。

ゆう　そうなんだ。

ひかり　うん。わたしね。小《ちい》さい頃《ころ》の記憶《きおく》だけないんだ。

ゆう　記憶喪失《きおくそうしつ》ってこと？

ひかり　そうとも言《い》う。……ところであなたお名前《なまえ》は？

ゆう　わたしはゆうです。

ひかり　わたしはひかり。ゆうちゃんは何《なに》をしてるの？

ゆう　壁《かべ》の終《お》わりを探《さが》してるの。

ひかり　（目指《めざ》してる方向《ほうこう》を見《み》て）……そんなのあるの？

ゆう　わからない。

ひかり　そうか。（壁《かべ》を見《み》て）……ねえねえ一緒《いっしょ》に行《い》ってもいいかな？　わたしも見《み》てみたい。そうしたら向《む》こう側《がわ》の人《ひと》に会《あ》えるかも。いい？

ゆう　……うん！

ひかり　やった！

ゆう　でも、ブドウの木《き》はいいの？

ひかり　うん。だって芽《め》が出《で》ないんだもん。トトロだったらすぐできるんだけどね。
「うわーー！」って感《かん》じでね。あなたトトロ？

ゆう　いや、違《ちが》うよ。

ひかり　ところであなたお名前《なまえ》は？

ゆう　ゆう。

ひかり　あっ、そうそう。わたしすぐ忘《わす》れちゃうの。ははは。さあ行《い》こう。（はけようとして止《と》まり）あっ！　ちょっと待《ま》ってラストチャンス！（トトロのように）ウオー——!!　……やっぱり無理《むり》ね。行《い》きましょう。

二人《ふたり》ははける。

四場　挑戦《ちょうせん》する子供《こども》たち

舞台《ぶたい》の上《うえ》には五人《ごにん》のダンサーたちが練習《れんしゅう》している。ゆうとひかりが登場《とうじょう》。ダンサーたちとは少《すこ》し離《はな》れたところにいる。

ひかり　ゴール着《つ》いた？
ゆう　わからない。
ひかり　まだゴールは遠《とお》い？
ゆう　わからない。
ひかり　いつ着《つ》くのかな？
ゆう　わからないよ。
ひかり　ねこバスだったらもっと速《はや》いんだけどね。……あなたねこバス？
ゆう　違《ちが》うよ。
ひかり　残念《ざんねん》。はあ、疲《つか》れちゃった。ちょっと休《やす》まない？
ゆう　うん。（二人《ふたり》は座《すわ》る）
ひかり　お腹《なか》すいたー。
ダンサー1　さあいくよ。ワン、ツー、スリー、フォー。もう一回《いっかい》ワン、ツー、ス

●ダンサーという設定でなくても大丈夫。サッカーでも野球でも良い。大縄跳びでもいいかもしれない。それに合わせてセリフを変えて良い。

リー、フォー。（何《なん》度《ど》も続《つづ》ける。ダンサー2だけやる気《き》がない）

何人《なんにん》か子供《こども》たちが登場《とうじょう》。

子供《こども》1　あの子《こ》たちまだやってるよ。
子供《こども》2　いつもあそこで練習《れんしゅう》してるよね。あきないでよくやるよ。
子供《こども》3　去年《きょねん》も大会《たいかい》負《ま》けちゃったんだよね。
子供《こども》4　そうそう。今年《ことし》こそはって練習《れんしゅう》してるんだって。
子供《こども》5　もう無駄無駄《むだむだ》。あきらめちゃえばいいのに。
子供《こども》6　わたしはもうやめちゃった。
子供《こども》7　わたしも。みんな行《い》こう。
子供《こども》6　うん。（全員《ぜんいん》はける）

ダンサー1　ワン、ツー、スリー、もう一度《いちど》。ワン、ツー、スリー、フォー。（何《なん》度《ど》も続《つづ》ける。やはりダンサー2だけやる気《き》がない）
ダンサー3　（ダンサー2に向《む》かって）ちょっともっと本気《ほんき》で踊《おど》ってよ！
ダンサー2　やってるよ。
ダンサー4　全然《ぜんぜん》やってないよ。大会《たいかい》もうすぐなんだよ。
ダンサー2　わかってるよ。うるさいな！
ダンサー4　何《なに》、その態度《たいど》！
ダンサー5　ちょっとやめなよ。

ゆうとひかりは話《はなし》を聞《き》いている。ひかりが彼《かれ》らに近寄《ちかよ》って。

ひかり　あの、すみません。
ダンサー1　はい。
ひかり　何《なに》をしてるの？
ダンサー3　今度《こんど》大会《たいかい》があってここで練習《れんしゅう》してるの。
ゆう　この壁《かべ》の前《まえ》で？
ダンサー4　ここはわたしたちの練習場所《れんしゅうばしょ》なんだ。
ダンサー1　あなたたちは？
ゆう　わたしたちは旅《たび》をしてるの。
ダンサー1　旅《たび》？
ひかり　壁《かべ》の終《お》わりを探《さが》してずーっと歩《ある》いてきたの。
ダンサー4　壁《かべ》の終《お》わり？
ゆう　うん。向《む》こう側《がわ》に行《い》きたくて。
ダンサー5　へえ。そんなこと考《かんが》えたことなかったな。
ゆう　あの、大会《たいかい》って何《なに》？
ダンサー4　ダンスの大会《たいかい》。
ダンサー3　去年《きょねん》も負《ま》けちゃって。
ダンサー4　次《つぎ》こそは絶対《ぜったい》に優勝《ゆうしょう》したいんだ。
ダンサー5　でも、ライバルがいてね。どうしても勝《か》てないんだ。
ゆう　ライバル？
ダンサー5　うん。

回想《かいそう》シーン。舞台《ぶたい》がダンス大会会場《たいかいかいじょう》。
ゆうとひかりは舞台横《ぶたいよこ》で見《み》ている。

司会者《しかいしゃ》　レディースアンドジェントルマン。次《つぎ》のグループは「チームワンダースナッチ」

ダンサー五人《ごにん》が踊《おど》る。

司会者《しかいしゃ》　グレート！　素晴《すば》らしいダンスでした。では、次《つぎ》は優勝候補《ゆうしょうこうほ》「ジャバウォーク」！

もう一《ひと》つのチームが踊《おど》る。

司会者《しかいしゃ》　ワンダフル！　さすが三年連続優勝《さんねんれんぞくゆうしょう》チームです。では、優勝《ゆうしょう》の発表《はっぴょう》です。優勝《ゆうしょう》は……ジャバウォーク！！

ジャバウォークが喜《よろこ》びながら司会者《しかいしゃ》と去《さ》り、回想《かいそう》シーンが終《お》わる。ダンサー五人《ごにん》のところにゆうとひかりが近《ちか》づく。

ダンサー1　去年《きょねん》もジャバウォークに負《ま》けちゃったの。
ダンサー3　本当《ほんとう》に強《つよ》いんだよね。
ダンサー4　でも今年《ことし》こそは絶対《ぜったい》に優勝《ゆうしょう》したいんだ。だからみんなで、、
ダンサー2　（ボソッと）もう無理《むり》だよ。
ダンサー3　今《いま》なんて言《い》ったの？
ダンサー2　もう無理《むり》だって！　勝《か》てないよ！
ダンサー5　なんでそんなこと言《い》うの？
ダンサー2　勝《か》ちたいんだったら四人《よにん》で出《で》てよ！　わたしが足引《あしひ》っぱってるもん。

ダンサー1　そんなことないよ。
ダンサー2　わたし、才能《さいのう》ない。
ダンサー4　今年《ことし》がこのメンバーでやれる最後《さいご》のチャンスなんだよ。
ゆう　最後《さいご》？
ダンサー5　……実《じつ》はね。わたし、引《ひ》っ越《こ》すの。
ダンサー1　だから最後《さいご》に最高《さいこう》の思《おも》い出《で》をつくりたいと思《おも》って。
ダンサー3　みんなからはもうあきらめろとか言《い》われてるけどね。
ダンサー1　でも、絶対《ぜったい》に最後《さいご》まであきらめたくない。
ダンサー2　だから四人《よにん》で出《で》ればいいんだよ！
ダンサー5　わたしはこの五人《ごにん》で踊《おど》りたいの。ねっ、がんばろうよ。
ダンサー2　無理《むり》だって！
全員《ぜんいん》　……。
ひかり　……（ボソッと）もったいないね。
ダンサー2　えっ、何《なに》？
ひかり　自分《じぶん》で限界《げんかい》決《き》めちゃうんだね。もうダンス嫌《きら》いなの？
ダンサー2　……好《す》きだよ。でも……。
ひかり　じゃあ、いいじゃん！　限界《げんかい》決《き》めないでダンス大嫌《だいきら》いになるまでやってみたら？
ダンサー2　そんな。
ダンサー1　そうだよ！　大嫌《だいきら》いになるまでやろう！
ダンサー3　五人《ごにん》でね。
ダンサー4　そうだね！
ダンサー5　もうちょっとだけ一緒《いっしょ》にがんばろうよ。ね？
ダンサー2　……うん。

ひかり　美《うつく》しいねえ！　友情《ゆうじょう》だねえ！　よし、みんな練習《れんしゅう》始《はじ》めよ！

ゆう　いやいや、あなた関係《かんけい》ないでしょ。

ひかり　あっ、そっか。（みんな笑《わら》う）

ダンサー3　ところで、二人《ふたり》はなんで向《む》こう側《がわ》に行《い》きたいの？

ひかり　わたしは忘《わす》れちゃった大切《たいせつ》な人《ひと》に会《あ》いたくて。

ゆう　わたしは向《む》こうの空《そら》が見《み》たくて。

ダンサー1　壁《かべ》の向《む》こう側《がわ》か。いつかみんなで行《い》ってみたいな。

ゆう　でも、全然《ぜんぜん》ゴールが見《み》えなくて。

ダンサー5　大丈夫《だいじょうぶ》。あきらめなければいつか壁《かべ》の向《む》こうに行《い》けるよ。

ダンサー3　がんばってね。

ゆう　ありがとう。

ダンサー4　あっ。そろそろレッスンの時間《じかん》だよ。行《い》かなきゃ。

ダンサー1　本当《ほんとう》だ。行《い》こう。（ダンサーたちがはける。ダンサー2が止《と》まって振《ふ》り返《かえ》り）

ダンサー2　いつか向《む》こう側《がわ》に行《い》けたら、また会《あ》おうよ！　バイバイ！（はける）

ゆう　すごいね、あの子《こ》たち。

ひかり　なんか勇気《ゆうき》もらったね。わたしたちもがんばろ。

ゆう　うん。

二人《ふたり》がはける。

五場　おばあ

二人《ふたり》は旅《たび》を続《つづ》ける。しかし、壁《かべ》はまだまだ続《つづ》いている。

ひかり　まだ着《つ》かないねー。
ゆう　うん。
ひかり　遠《とお》いねー。
ゆう　うん。
ひかり　……うん。
ゆう　……。
ひかり　うん。……うん。……お腹減《なかへ》ったね。
ゆう　……うん。
ひかり　わたし、何《なに》か買《か》ってくるね。ちょっとここで待《ま》ってて。（はける）

ゆうが一人《ひとり》で座《すわ》っている。そこに一人《ひとり》の老人《ろうじん》が入《はい》ってくる。

おばあ　おい。
ゆう　こんにちは。
おばあ　あんたここで何《なに》してるんだ？
ゆう　向《む》こう側《がわ》に行《い》くために旅《たび》をしてるんです。
おばあ　ほう。旅《たび》かい。向《む》こう側《がわ》に行《い》くために？
ゆう　はい。ずーっと旅《たび》をして来《き》ました。おばあさん、壁《かべ》の終《お》わりを知《し》ってますか？
おばあ　さあ知《し》らんね。なんで向《む》こう側《がわ》に行《い》きたいんだい？
ゆう　……空《そら》が見《み》たくて。
おばあ　空《そら》なんて見上《みあ》げればいつでも見《み》れるじゃないか。
ゆう　うん。でも向《む》こうの空《そら》。

おばあ　見《み》なくちゃいけないのかい？　だれかに見《み》てこいって言《い》われたのかい？
ゆう　いや、そんなことないけど。
おばあ　やめときなよ。いつ終《お》わるかわからん旅《たび》だろ？　おうちへおかえりよ。
ゆう　でも行《い》ってみたいんだ。
おばあ　どうして？　ほしいもんなんかないかもしれない。
ゆう　そんなのわからないよ。
おばあ　向《む》こう側《がわ》には何《なに》もないかも。
ゆう　そんなこと、
おばあ　ぜーんぶ無駄《むだ》かも。
ゆう　そんな……。
おばあ　（ゆうに詰《つ》め寄《よ》るように）どうなんだい？　ねえ、本当《ほんとう》にあるのかい？　ねえ！　どうなんだよ。ねえ!!
ゆう　（怒《いか》り）うるさい！
おばあ　（間《ま》）……本当《ほんとう》はもう帰《かえ》りたいんだろ？　あきらめちゃいなよ。
ゆう　（しゃがみ込《こ》んでしまう）
おばあ　もうおかえり。（はける）

ゆうは紙飛行機《かみひこうき》を取《と》り出《だ》す。それをクシャクシャにして捨《す》てる。
ひかりが戻《もど》ってくる。ゆうは座《すわ》って下《した》を向《む》いている。

ひかり　ただいま。（下《した》を向《む》いてるゆうを見《み》て）大丈夫《だいじょうぶ》？
ゆう　（黙《だま》っている）
ひかり　（横《よこ》に座《すわ》る）お店《みせ》全部《ぜんぶ》閉《し》まってて何《なに》も買《か》えなかった。
ゆう　……。

ひかり　お腹痛《なかいた》い？
ゆう　(頭《あたま》を横《よこ》に振《ふ》る)
ひかり　そっか。(長《なが》い間《ま》)まだ着《つ》かないね。
ゆう　……。
ひかり　まだまだなのかな？
ゆう　……わからない。
ひかり　大分歩《だいぶある》いて来《き》たのにね。いつまで続《つづ》くのかな？
ゆう　わからない。
ひかり　誰《だれ》もいないね。ここって人《ひと》が住《す》んでるのかな？
ゆう　(イライラしながら)わからないよ。
ひかり　……(ボソッと)本当《ほんとう》に壁《かべ》の終《お》わりなんかあるのかな？
ゆう　うるさいな、そんなことわたしに聞《き》かないでよ!!……(ハッと我《われ》に返《かえ》って)ごめん。
ひかり　ううん。ごめんね。(気《き》まずい長《なが》い間《ま》)ゆうちゃん。いつか向《む》こう側《がわ》行《い》けたらいいね。
ゆう　……うん。
ひかり　でもね、時々思《ときどきおも》うんだ。あっちに行《い》っても会《あ》いたい人《ひと》はいないかもしれないって。
ゆう　えっ。
ひかり　全部無駄《ぜんぶむだ》かも。……そんなこと考《かんが》えるとね。怖《こわ》いんだ。
ゆう　ひかりちゃん。
ひかり　でも行《い》ってみたい。何《なに》かが待《ま》ってるはず。
ゆう　うん。そうだよね。……ちょっと休《やす》もう。
ひかり　うん。

六場　浮《う》き輪《わ》とゴーグルをした少年《しょうねん》

二人《ふたり》は顔《かお》を下《した》に向《む》けて休《やす》んでる。そこに浮《う》き輪《わ》とゴーグルをした少年《しょうねん》が登場《とうじょう》。彼《かれ》は壁《かべ》の前《まえ》に立《た》つ。

少年《しょうねん》　(壁《かべ》に向《む》かって) おーい。そろそろどいてくれないかな？　君《きみ》がそこにいるとじゃまなんだよね。ねえねえ。(二人《ふたり》は顔《かお》を上《あ》げる)

ゆう　ごめんなさい。

少年《しょうねん》　ん？　こんにちは。……あっ、君《きみ》たちに言《い》ったんじゃないよ。こいつ(壁《かべ》) に言《い》ってたの。(壁《かべ》に向《む》かって) ほら、勘違《かんちが》いされちゃっただろ！　そろそろそこどいてくれよ。……(二人《ふたり》の方《ほう》を向《む》いて) 君《きみ》たちこんなところで何《なに》してるの？

ゆう　わたしたちは旅《たび》をしてるの。

少年《しょうねん》　旅《たび》？

ひかり　壁《かべ》の向《む》こう側《がわ》に行《い》きたくて。

少年《しょうねん》　こいつのかい？

ひかり　うん。

少年《しょうねん》　ねえねえ。こいつの向《む》こう側《がわ》には何《なに》があるか知《し》ってる？

ゆう　それを知《し》りたくて。あなたは知《し》ってるの？

少年《しょうねん》　うん。それはね……海《うみ》。

ゆう　海《うみ》？

少年《しょうねん》　海《うみ》を見《み》たことある？

ひかり　ない。ゆうちゃんある？

ゆう　わたしもない。

少年《しょうねん》　昔《むかし》ここには海《うみ》があったんだ。……また見《み》たいなあ。でも、ずーっと見《み》れてない。ぼくらのきれいな海《うみ》。もう一回《いっかい》。もう一回《いっかい》だけでいいから見《み》たいんだ。……君《きみ》たちはどこから来《き》たの？

ゆう　ずーっと向《む》こうから。壁《かべ》の終《お》わりを探《さが》してる。

少年《しょうねん》　壁《かべ》の終《お》わり。

ひかり　でも全然辿《ぜんぜんたど》り着《つ》けなくて。

少年《しょうねん》　……壁《かべ》の終《お》わりなんかないよ。

ゆう　えっ。

少年《しょうねん》　どこまでも続《つづ》く。ずーっと、ずーっとね。

ゆう　じゃあ、向《む》こう側《がわ》には行《い》けないの？

少年《しょうねん》　……行《い》きたいの？

ゆう　う、うん。

少年《しょうねん》　君《きみ》にとってこいつ（壁《かべ》）は何《なに》？

ゆう　じゃあさ、こいつが君《きみ》にとってなんなのか。ちょっと向《む》き合《あ》ってごらんよ。そしたらいつかあっち側《がわ》へ行《い》けるかも。……さよなら。（はける）

ひかり　……不思議《ふしぎ》な子《こ》だね。

ゆう　うん。……。（壁《かべ》に手《て》をあてる）

何人《なんにん》か隣町《となりまち》の子供《こども》たちが花《はな》を持《も》って登場《とうじょう》。壁《かべ》の前《まえ》に置《お》く。

子供《こども》1　こんなところで何《なに》してるの？

子供《こども》2　ここには入《はい》っちゃいけないよ。

ゆう　あなたたちは？

子供《こども》3　隣《となり》の町《まち》から来《き》たの。

ひかり　ここには入《はい》っちゃいけないってどういうこと？
子供《こども》4　ここは名前《なまえ》をなくした町《まち》なんだ。
子供《こども》5　昔事故《むかしじこ》があって、それ以来《いらい》ここには住《す》めなくなっちゃったんだ。
子供《こども》6　だから今《いま》はだれも住《す》んでいないんだ。
ひかり　名前《なまえ》をなくした町《まち》。
子供《こども》7　ここはね。わたしたちの町《まち》だったんだって。お父《とう》さんやお母《かあ》さんたちが子《こ》供《ども》の時《とき》によくここで遊《あそ》んだって。
子供《こども》8　でも、あの事故《じこ》で一人《ひとり》の少年《しょうねん》がいなくなってしまったの。その子《こ》は海《うみ》が大《だい》好《す》きだった。
ひかり　海《うみ》が好《す》きな少年《しょうねん》？
子供《こども》9　海《うみ》を見《み》たことある？　すっごくきれいなんだって。見《み》てみたいなあ。（他《ほか》のみんなも「見《み》たいね」「行《い》ってみたいなあ」と言《い》う）
子供《こども》10　わたしたちは時々《ときどき》ここに来《き》てお花《はな》を置《お》いているの。その子《こ》を忘《わす》れないためにね。
子供《こども》11　でも本当《ほんとう》は来《き》ちゃダメなんだ。
子供《こども》12　大人《おとな》たちには内緒《ないしょ》なんだ。みんなはもう忘《わす》れたいんだって。
子供《こども》13　でも、父《とう》ちゃんいつも酔《よ》っ払《ぱら》うと町《まち》の話《はなし》するんだよ。忘《わす》れたいとか言《い》ってるくせに。
ひかり　わたしたちその少年《しょうねん》に会《あ》ったよ。海《うみ》が見《み》たいって。
子供《こども》14　何言《なにい》ってるのさ。ずーっと昔《むかし》にいなくなっちゃったんだよ。
ひかり　そんな。（ゆうに）でも会《あ》ったよね？　きっとあの子《こ》だよね？

ゆうは黙《だま》っている。紙飛行機《かみひこうき》を拾《ひろ》う。それを広《ひろ》げて。

●子供の人数に合わせてセリフを渡す。

ゆう　「そちらはどんな空《そら》が広《ひろ》がってますか?」

そして壁《かべ》の方《ほう》に向《む》き、そしてゆっくりと壁《かべ》に手《て》をあてる。
ゆうは壁《かべ》を押《お》し始《はじ》める。

ひかり　何《なに》してるの?
ゆう　向《む》こう側《がわ》に行《い》くの。
ひかり　どうやって?
ゆう　倒《たお》すの!
ひかり　この壁《かべ》を?
ゆう　そうだよ!　このまま歩《ある》いたって向《む》こう側《がわ》なんて行《い》けない。だから……倒《たお》すの!
ひかり　ええぇ!
子供《こども》15　ちょっとこの子大丈夫《こだいじょうぶ》?
子供《こども》16　おかしくなっちゃったんじゃない?
子供《こども》17　ねえ友達《ともだち》でしょ?　止《と》めなよ。
ひかり　いや、その、
ゆう　倒《たお》れろ――!!
ひかり　ちょっとゆうちゃん。
ゆう　あっちの空《そら》が見《み》てみたい。もしかしたらないかもしれない。でも、行《い》きたい。
子供《こども》18　無理《むり》だって。
子供《こども》19　やめなよ。ねえってば。

ひかりも横《よこ》で壁《かべ》を押《お》し始《はじ》める。

子供《こども》20　あんたまで何《なに》やってるの？
ひかり　（押《お》しながら）だれかが待《ま》ってるかもしれない。わたしも行《い》きたい！
子供《こども》21　えええ！
ゆうとひかり　倒《たお》れろー!!

下手《しもて》にさらとしおりと村人《むらびと》5。上手《かみて》にダンサーチームが登場《とうじょう》して別空間《べつくうかん》として壁《かべ》を押《お》し始《はじ》める。

子供《こども》22　もうやめなさいって！
ゆう　海《うみ》を見《み》たくないの？　大好《だいす》きな海《うみ》。あの子《こ》が言《い》ってた。「もう一回《いっかい》。もう一回《いっかい》だけでいいから見《み》たいんだ。」って。

ゆうとひかりの姿《すがた》を見《み》て、子供《こども》たちが加《くわ》わる。

子供《こども》23　しょうがないから付《つ》き合《あ》ってあげる。
子供《こども》24　海《うみ》——!!
ゆう　……倒《たお》れろー!!
全員《ぜんいん》　倒《たお》れろー!!!

七場　壁《かべ》の色《いろ》

壁《かべ》が倒《たお》れる音《おと》。

ゆう　これが壁《かべ》の向《む》こう側《がわ》。

子供《こども》たち　海《うみ》だ――！

さらとしおりと村人5　みんなの村《むら》だ。

ダンサー五人《ごにん》　優勝《ゆうしょう》だ！

ひかり　……ただいま。

ゆう　青空《あおぞら》だ!!

みんなでダンス。

●歌でも良い。

終《お》わり

6 時《とき》をかける School Girls

主題 友情《ゆうじょう》
対象学年 高学年《こうがくねん》
人数 10名《めい》
時間 30分《ぷん》
あらすじ クラスでいじめられているさわこ。そんなある日《ひ》、さわこはふうと出会《であ》う。その日《ひ》から突然《とつぜん》さわこに不思議《ふしぎ》なことが起《お》きる。いじめられっ子《こ》からいじめっ子《こ》になった。次《つぎ》はただ見《み》ている子《こ》。様々《さまざま》な立場《たちば》になったさわこは気《き》づいた。
登場人物 さわこ(いじめられっ子《こ》)・あやみ(見《み》ている子《こ》)・えみ(見《み》ている子《こ》)・ゆか（いじめっ子《こ》）・みか（いじめっ子《こ》）・ひめか（ギャル）・れな（ギャル）・えり（ギャル）・ふう・先生《せんせい》

一場 独白《どくはく》

舞台《ぶたい》は教室《きょうしつ》。前中央《まえちゅうおう》さわこ、後《うし》ろふう、上手《かみて》あやみとえみ、下手《しもて》みかとゆか、中央《ちゅうおう》にひめか、れなとえり。それぞれは椅子《いす》に座《すわ》り、お互《たが》いに気《き》づいていない。
さわこ立《た》つ。他《ほか》の子《こ》たちは止《と》まっている。

さわこ　今日《きょう》も学校《がっこう》でいじめられた。わたしが何《なに》をやったっていうの？　理由《りゆう》なんてわからないし、だれも助《たす》けてくれない。みんな無視《むし》をするだけで、先生《せんせい》も親《おや》も気《き》づいてくれない。自分《じぶん》からなんて言《い》えない。

●本作品では「いじめられっ子」「いじめっ子」「見ている子」の立場がスイッチされていく仕組みになっている。

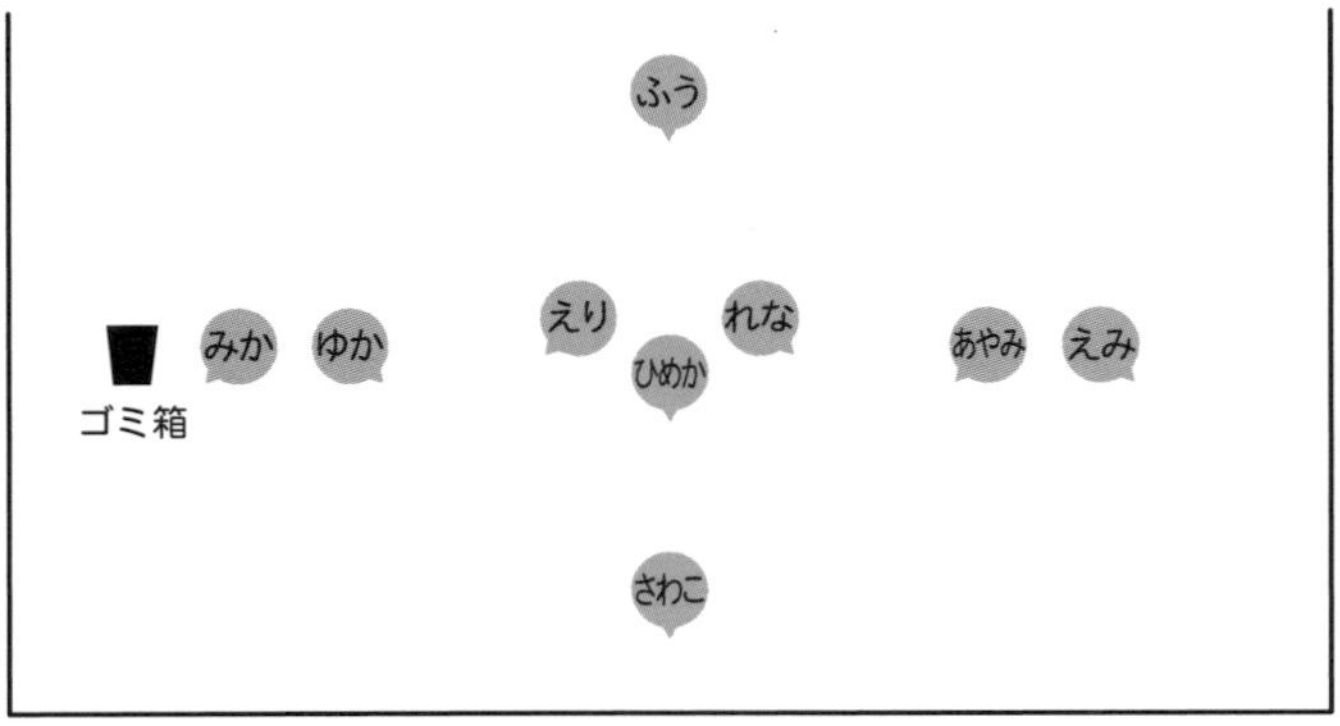

●衣装は基本自由。初演の時は子供たちの要望で制服を着た。

もうやだよ。学校《がっこう》なんて行《い》きたくない。お母《かあ》さんに休《やす》みたいって言《い》っても『サボるなんてダメ！』って言《い》うだけ。
もうやだ、やだよ。……わたしは何《なに》も悪《わる》くない。（さわこ座《すわ》る）

あやみ　（立《た》つ）さわこちゃんがまたいじめられていた。いつまで続《つづ》くんだろう。今日《きょう》もひどかったなあ。なんでいじめるんだろう。理由《りゆう》なんかまったく知《し》らないけど、みんなが無視《むし》してるからわたしも黙《だま》っている。

えみ　（立《た》つ）今日《きょう》、さわこちゃんがいじめられてる時《とき》、わたしのことを見《み》た。まるで『助《たす》けて！』って言《い》ってるみたいだった。でも、何《なに》もできなかった。できるわけない。だって、あそこででしゃばったら今度《こんど》はわたしがターゲットにされるかもしれない。それは嫌《いや》だ。何《なに》も言《い》わない方《ほう》が安全《あんぜん》だ。

あやみ&えみ　わたしは何《なに》も悪《わる》くない。（座《すわ》る）

ゆか　（立《た》つ）今日《きょう》もさわこちゃんをいじめちゃった。あの子《こ》を見《み》てるとすごくイライラする。トロいし、反抗《はんこう》もしてこないし、だから余計《よけい》イライラする。こうやって思《おも》ってるのはわたしだけじゃないよね？　だれも何《なに》も言《い》ってこないし、みかちゃんも一緒《いっしょ》にやってるし、だからわたしだけじゃない。

みか　（立《た》つ）今日《きょう》もパパとママがケンカしてた。ママに『みかなんて生《う》まれて来《こ》なければよかったのよ！』って言《い》われた。わたしってかわいそう。つらいよ。なんでこんな思《おも》いをしなければいけないの？　もうやだ！

ゆか&みか　わたしは何《なに》も悪《わる》くない!!（座《すわ》る）

ひめか　今日《きょう》も学校《がっこう》ダルダルでしたあ。マジ勉強《べんきょう》とか超《ちょう》トンチンカン、意味《いみ》プーなんですけど。今日《きょう》テスト返《かえ》してもらったけど、びっくり13点《てん》！　マジギネス記録《きろく》もんでしょ。あと学校帰《がっこうがえ》りになんか「ヘイ、かのじょー今何時《いまなんじ》？」っておじさんに話《はな》しかけられたから「おやじ、でんぷん、画《が》びょう！」って言《い》ってやったわ。マジいけてないヤツ。
あたしがしびれるのはシティーボーイの伊達男《だておとこ》だけ。早《はや》く現《あらわ》れないかなー。

全員《ぜんいん》が立《た》ち上《あ》がり、

さわこ　わたしは何《なに》も悪《わる》くない。
あやみ　みんなが無視《むし》してるから私《わたし》もだまってる。
えみ　何《なに》も言《い》わないほうが安全《あんぜん》だ。
ゆか　みかちゃんも一緒《いっしょ》にやってるし。
みか　わたしってかわいそう。
ひめか　早《はや》く現《あらわ》れないかなー！
れな　今日《きょう》も学校《がっこう》ダルダルでしたあ。
えり　マジいけてないんだもん。

同《おな》じセリフを繰《く》り返《かえ》す。言葉《ことば》が重《かさ》なる。
みんなのそれぞれの声《こえ》が大《おお》きくなっていくと、後《うし》ろに座《すわ》っている
ふうがゆっくり振《ふ》り向《む》き、一人一人《ひとりひとり》を見《み》て、最後《さいご》に正面《しょうめん》を向《む》く。
暗転《あんてん》。（ゴミ箱《ばこ》を持《も》っていく）

二場　教室《きょうしつ》

さわこが一人《ひとり》。舞台前《ぶたいまえ》で窓《まど》から校庭《こうてい》を見《み》ている。
ふう登場《とうじょう》。

ふう　そこから何《なに》か見《み》える？
さわこ　（ふうがいることに気《き》づいて）えっ!?　ふうちゃん。いや……別《べつ》に……。
ふう　ふーん。そっか。
さわこ　何《なに》か用《よう》？
ふう　別《べつ》に……今日《きょう》、雨降《あめふ》るのかな？
さわこ　うーん。どうだろう？
ふう　最近《さいきん》ずーっと雨《あめ》だったもんね。
さわこ　そうだね。ずーっと雨《あめ》だね。
ふう　……さわこちゃんの心《こころ》の天気《てんき》は？
さわこ　え？
ふう　さわこちゃんの心《こころ》の天気《てんき》。
さわこ　変《へん》な質問《しつもん》。
ふう　はれ？　それともくもり？
さわこ　…………今日《きょう》も昨日《きのう》もずーっと雨《あめ》。
ふう　ふーん、じゃあ、明日《あした》は晴《は》れたらいいね。
さわこ　そうだね。……（話《はなし》を変《か》えようと）ふうちゃん、学校《がっこう》には慣《な》れた？
ふう　まあね。
さわこ　そっか。でも、いつも一人《ひとり》でいるよね？
ふう　まあね。（暗転《あんてん》）

三場　ある日《ひ》

生徒《せいと》たちが最初《さいしょ》のシーンのように座《すわ》っている。
チャイムが鳴《な》る。

先生《せんせい》　はーい、次《つぎ》は体育《たいいく》だからね。着替《きが》えて体育館《たいいくかん》に集合《しゅうごう》。遅《おく》れないように！

全員《ぜんいん》　はーい。（先生《せんせい》は上手《かみて》にはける）

れな　次《つぎ》、体育《たいいく》だって——。超《ちょう》ダルいんですけど——。

えり　だよねーマジダルー！　つーかさ、あたしの大好《だいす》きなベストアルバム「俺《おれ》と君《きみ》の愛《あい》のシャケ茶漬《ちゃづ》け」持《も》ってきてくれた？

れな　あ！　忘《わす》れた！　メンゴメンゴ！

えり　またー！　もう！　マジで切《き》れる5秒前《びょうまえ》だぞ！

ひめか　つーか見《み》てよー！　今日《きょう》マジカワのこれ持《も》ってきたのー！

れな　何《なに》それー。

ひめか　これブルマ!!　マジナウいでしょ！　超昭和《ちょうしょうわ》で、超《ちょう》ビンテージじゃね！

れな&えり　超《ちょう》レトロー!!!　チョベリグー！

ひめか　でしょ！　まだあるから持《も》ってきてあげよっか？

れな&えり　ナウイ——！　マンモスうれぴー！

えり　つーか、もうすぐクラス対抗《たいこう》ダンス大会《たいかい》じゃね？　マジ練習《れんしゅう》しないとマンモスやばしでしょー！

れな&ひめか　だよね——！（三人《さんにん》は上手《かみて》にはける）

さわこは体操着《たいそうぎ》を探《さが》すが見《み》つからない。

みか　あら、さわこどうしたの？　早《はや》く更衣室《こういしつ》行かないと遅《おく》れるわよ。何《なに》か探《さが》してるみたいだけど、もしかしてこれ？（ゴミ箱《ばこ》から汚《よご》れた体操着《たいそうぎ》を出《だ》す）

ゆか　あれ、よく見《み》たらこれさわこって名前《なまえ》書《か》いてあるじゃん！　だれかがゴミだと思《おも》って捨《す》てたんじゃない？　ひどいよね。だれ？こんなことしたの？
あやみ、えみ知《し》ってる？（あやみとえみは首《くび》を振《ふ》る）そう、かわいそうね。

みか　さわこ、早《はや》く他探《ほかさが》さないとまた体育出《たいいくで》れないわよ。

みか&ゆか下手《しもて》にはける。あやみ&えみ上手《かみて》にはける。
さわこ立《た》ち尽《つ》くす。ふうが近寄《ちかよ》る。

さわこ　ふうちゃん、早《はや》く行《い》ったほうがいいよ。遅《おく》れちゃうよ。
ふう　そうだね……。さわこちゃん、今日《きょう》はどう？　良《い》い天気《てんき》？
さわこ　えっ？　今日《きょう》もまた悪《わる》い天気《てんき》かな。これからもずーっと悪《わる》い天気《てんき》だろうな。
わたしがいなくならないかぎり。
ふう　明日《あした》は違《ちが》う天気《てんき》になるかもよ。
さわこ　変《か》わらないよ。
ふう　明日《あした》はまた違《ちが》う一日《いちにち》が待《ま》ってる。
さわこ　どういう意味《いみ》？（暗転《あんてん》）

四場　ある日《ひ》2

さわこだけにスポットライト。
さわこは上手《かみて》のえみの席《せき》に座《すわ》っている。
チャイムの音《おと》。

先生《せんせい》　はーい、次《つぎ》は体育《たいいく》だからね。着替《きが》えて体育館《たいいくかん》に集合《しゅうごう》。遅《おく》れないように！
全員《ぜんいん》　はーい。（先生《せんせい》は上手《かみて》にはける）

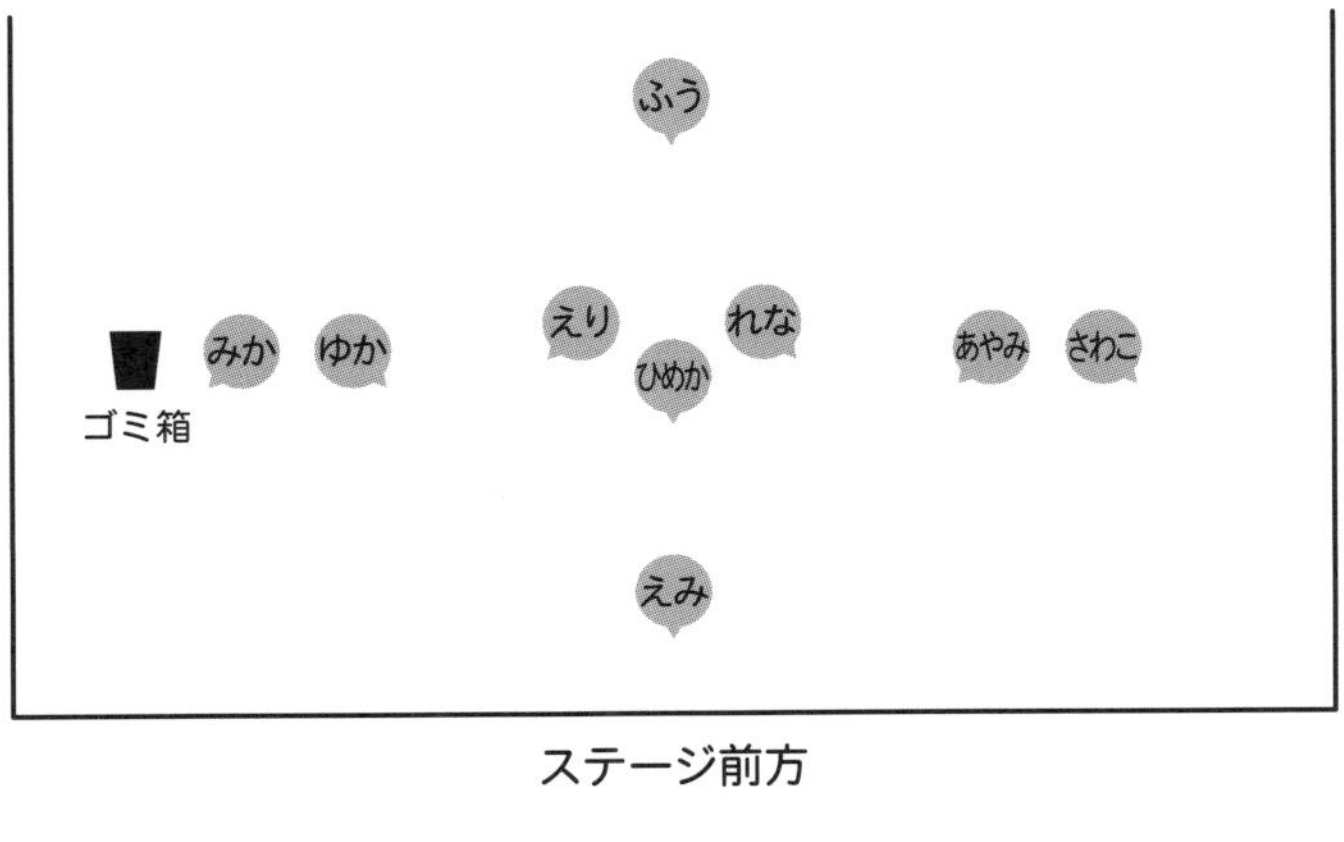

れな　次《つぎ》、体育《たいいく》だってー。超《ちょう》ダルいんですけど――。

えり　だよね――。マジダル――！　つーかさ、あたしの大好《だいす》きなベストアルバム「俺《おれ》と君《きみ》の愛《あい》のシャケ茶漬《ちゃづ》け」持《も》ってきてくれた？

れな　あ！　忘《わす》れた！　メンゴメンゴ！

えり　またー！　もう！　マジで切《き》れる5秒前《びょうまえ》だぞ！

ひめか　つーか見《み》てよー！　今日《きょう》マジカワのこれ持《も》ってきたのー。

れな　何《なに》それー。

ひめか　これブルマ!!　マジナウいでしょ！　超昭和《ちょうしょうわ》で、超《ちょう》ビンテージじゃね！

れな&えり　超《ちょう》レトロー!!!　チョベリグー！

ひめか　でしょ！　まだあるから持《も》ってきてあげよっか？

れな&えり　ナウイ――！　マンモスうれぴー！

えり　つーか、もうすぐクラス対抗《たいこう》ダンス大会《たいかい》じゃね？　マジ練習《れんしゅう》しないとマンモスやばしでしょー！

れな&ひめか　だよね――！

ひめか　なんかあたしおんなじこと話《はな》した気《き》がするんですけどー。

れな　それデジャブーじゃね――！　ウケルー!!（上手《かみて》にはける）

えみ（さわこの席《せき》）は体操着《たいそうぎ》を探《さが》すが見《み》つからない。

みか　あら、えみどうしたの？　早《はや》く更衣室《こういしつ》行《い》かないと遅《おく》れるわよ。何《なに》か探《さが》してるみたいだけど、もしかしてこれ？（ゴミ箱《ばこ》から汚《よご》れた体操着《たいそうぎ》を出《だ》す）

ゆか　あれ、よく見《み》たらこれえみって名前書《なまえか》いてあるじゃん！　だれかがゴミだと思《おも》って捨《す》てたんじゃない？　ひどいよね。だれ？こんなことしたの？

あやみ、さわこ知《し》ってる？（あやみは首《くび》を振《ふ》る。さわこは困惑《こんわく》している）そう、かわいそうね。

みか　えみ、早《はや》く他探《ほかさが》さないとまた体育《たいいく》出《で》れないわよ。

あやみとさわこ前《まえ》に歩《ある》く。えみは止《と》まっている。（みか&ゆか下《しも》手《て》にはける）

あやみ　えみちゃんかわいそうだよね？

さわこ　え？　う、うん。

あやみ　いつまでこんなの続《つづ》くんだろう？　でもさ、わたしたちは何《なに》もできないよね。だってあそこででしゃばったら、今度《こんど》はわたしたちがターゲットになっちゃうもん。えみちゃんかわいそうだけど、わたしたちには何《なに》もできないよ。

さわこ　……うん。

あやみ上手《かみて》にはける。ふうがさわこに近寄《ちかよ》る。

ふう　さわこちゃん、どう？　今日《きょう》は何《なに》か違《ちが》う一日《いちにち》かな？

さわこ　これってどういうこと？　昨日《きのう》までわたしがいたところにえみちゃんがいて、まったく同《おな》じことが起《お》こってる。

ふう　そうだね。どう、今日《きょう》は良《い》い天気《てんき》になった？

さわこ　よくわかんない。

ふう　じゃあ、明日《あす》はまた違《ちが》う一日《いちにち》になるかもね。

さわこ　え？（暗転《あんてん》）

五場　ある日《ひ》3

さわこだけにスポットライト（下手《しもて》のゆかの席《せき》に座《すわ》っている）。
さわこは目覚《めざ》めて、驚《おどろ》いている。
チャイムの音《おと》。

先生《せんせい》　はーい、次《つぎ》は体育《たいいく》だからね。着替《きが》えて体育館《たいいくかん》に集合《しゅうごう》。遅《おく》れないように！

全員《ぜいいん》　はーい。（先生《せんせい》は上手《かみて》にはける）

れな　次《つぎ》、体育《たいいく》だってー。超《ちょう》ダルいんですけど――。

えり　だよね――マジダル――！　つーかさ、あたしの大好《だいす》きなベストアルバム「俺《おれ》と君《きみ》の愛《あい》のシャケ茶漬《ちゃづ》け」持《も》ってきてくれた？

れな　あ！　忘《わす》れた！　メンゴメンゴ！

えり　またー！　もう！　マジで切《き》れる5秒前《びょうまえ》だぞ！

ひめか　つーか見《み》てよー！　今日《きょう》マジカワのこれ持《も》ってきたのー。

れな　何《なに》それー。

ひめか　これブルマ!!　マジナウいでしょ！　超昭和《ちょうしょうわ》で、超《ちょう》ビンテージじゃね！

れな&えり　超《ちょう》レトロー!!!　チョベリグー！

ひめか　でしょ！　まだあるから持《も》ってきてあげよっか？

れな&えり　ナウイ――！　マンモスうれぴー！

えり　つーか、もうすぐクラス対抗《たいこう》ダンス大会《たいかい》じゃね？　マジ練習《れんしゅう》しないとマンモスやばしでしょー！

れな&ひめか　だよね――――！

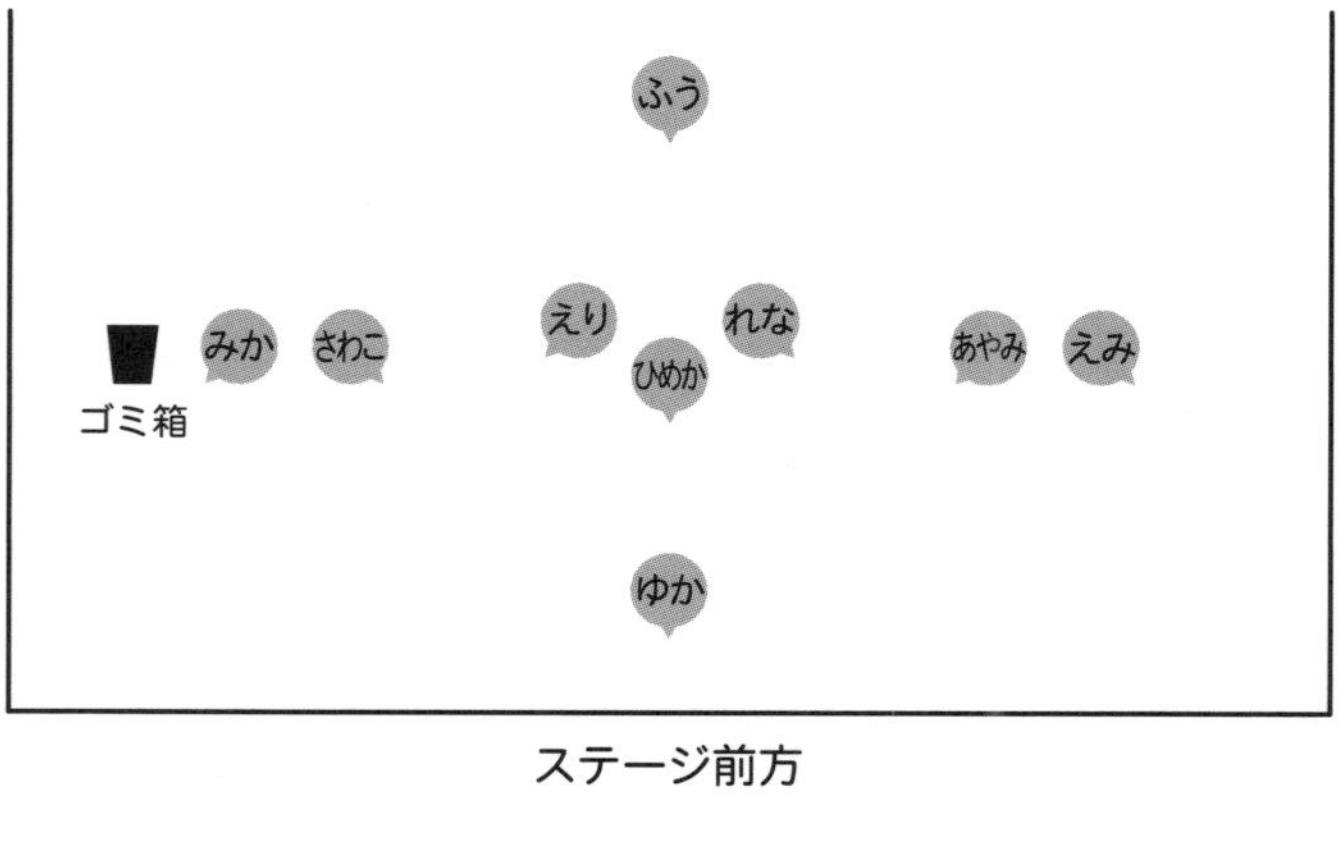

ステージ前方

ひめか　あれーなんかあたしおんなじこと三回《さんかい》ぐらい話《はな》した気《き》がするんですけどー。

れな　三回《さんかい》!!　マジ神《かみ》がかってる！　ウケル――！（上手《かみて》にはける）

ゆか（さわこの席《せき》で）は体操着《たいそうぎ》を探《さが》すが見《み》つからない。

みか　あら、ゆかどうしたの？　早《はや》く更衣室《こういしつ》行かないと遅《おく》れるわよ。何《なに》か探《さが》してるみたいだけど、もしかしてこれ？（ゴミ箱《ばこ》から汚《よご》れた体操着《たいそうぎ》を出《だ》す）

さわこ　えっ？

みかはさわこが何《なに》も言《い》ってくれないので一人《ひとり》で続《つづ》ける。

みか　あれ、よく見《み》たらこれゆかって名前《なまえ》書《か》いてあるじゃん！　だれかがゴミだと思《おも》って捨《す》てたんじゃない？　ひどいよね。だれ？こんなことしたの？あやみ、えみ知《し》ってる？（あやみ＆えみは首《くび》を振《ふ》る）そう、かわいそうね。ゆか、早《はや》く他探《ほかさが》さないとまた体育《たいいく》出れないわよ。さわこ行《い》こう。

あやみとえみは上手《かみて》にはける。みかとさわこだけになる。

みか　ちょっとさわこ！　どうしちゃったのよ！　これじゃわたしだけが悪《わる》いみたいじゃん！　もうずるいよ。わたしだけ悪者《わるもの》みたいにしないでよ。

さわこ　ごめん。

みか　はあ……あのね、またパパとママがケンカしてたんだ。もうやだよ。そのあとママはわたしにあたってくるしさ。わたしって本当《ほんとう》にかわいそう。

さわこ　そう思《おも》うでしょ？
みか　うん。
別《べつ》にさ、ゆかのこと嫌《きら》いとかじゃないけどさ、あの子何《なに》も言《い》い返《かえ》してこないし、なんかイライラするしさ。さわこもそう思《おも》ってるでしょ？
わたしだって家《いえ》でいじめられてかわいそうなんだから。
さわこ　……。

みかは上手《かみて》にはける。ふうがさわこに近寄《ちかよ》る。

ふう　どう、さわこちゃん？　今日《きょう》は良《い》い天気《てんき》かな？
さわこ　ふうちゃん、これってなんなの？　同《おな》じ日《ひ》が何回《なんかい》も続《つづ》いてる。昨日《きのう》はわたしがえみちゃんの場所《ばしょ》にいて、今日《きょう》はゆかちゃんのところにいる。
ふう　そうだね……。ただわたしはあなたにちょっとチャンスをあげただけよ。同《おな》じ日《ひ》が続《つづ》く、あなただけが違《ちが》う場所《ばしょ》にいる。いじめられっこ、ただ見《み》ているクラスメイト、そしていじめっこ。どう？
さわこ　えっ？　……だれだっていじめられる、いじめっ子《こ》になる。いじめっ子《こ》も他《ほか》のところでいじめられてる。でも、みんな何《なに》もできない。
ふう　じゃあ、あなたは？
さわこ　わたしは……。

間《ま》。

ふう　今日《きょう》の心《こころ》の天気《てんき》はどう？
さわこ　……くもり。

ふう　雨《あめ》からくもりになった。空《そら》の天気《てんき》は自分《じぶん》じゃ変《か》えられないけど、心《こころ》の天気《てんき》は、あなた次第《しだい》。雨《あめ》にも、晴《は》れにもなるよ。

暗転《あんてん》。

六場　教室《きょうしつ》

さわこだけにスポットライト（真《ま》ん中《なか》、最初《さいしょ》の席《せき》に移動《いどう》）。チャイムの音《ね》。

先生《せんせい》　はーい、次《つぎ》は体育《たいいく》だからね。着替《きが》えて体育館《たいいくかん》に集合《しゅうごう》。遅《おく》れないように！

全員《ぜんいん》　はーい。（先生《せんせい》は上手《かみて》にはける）

れな　次《つぎ》、体育《たいいく》だって――。超《ちょう》ダルいんですけど――。

えり　だよね――。マジダル――！　つーかさ、あたしの大好《だいす》きなベストアルバム「俺《おれ》と君《きみ》の愛《あい》のシャケ茶漬《ちゃづ》け」持《も》ってきてくれた？

れな　あ！　忘《わす》れた！　メンゴメンゴ！

えり　またー！　もう！　マジで切《き》れる5秒前《びょうまえ》だぞ！

ひめか　つーか見《み》てよー！　今日《きょう》マジカワのこれ持《も》ってきたのー。

れな　何《なに》それー。

ひめか　これブルマ!!　マジナウいでしょ！　超昭和《ちょうしょうわ》で、超《ちょう》ビンテージじゃね！

れな&えり　超《ちょう》レトロー!!!　チョベリグー！

ひめか　でしょ！　まだあるから持《も》ってきてあげよっか？

れな&えり　ナウイ――！　マンモスうれぴー！

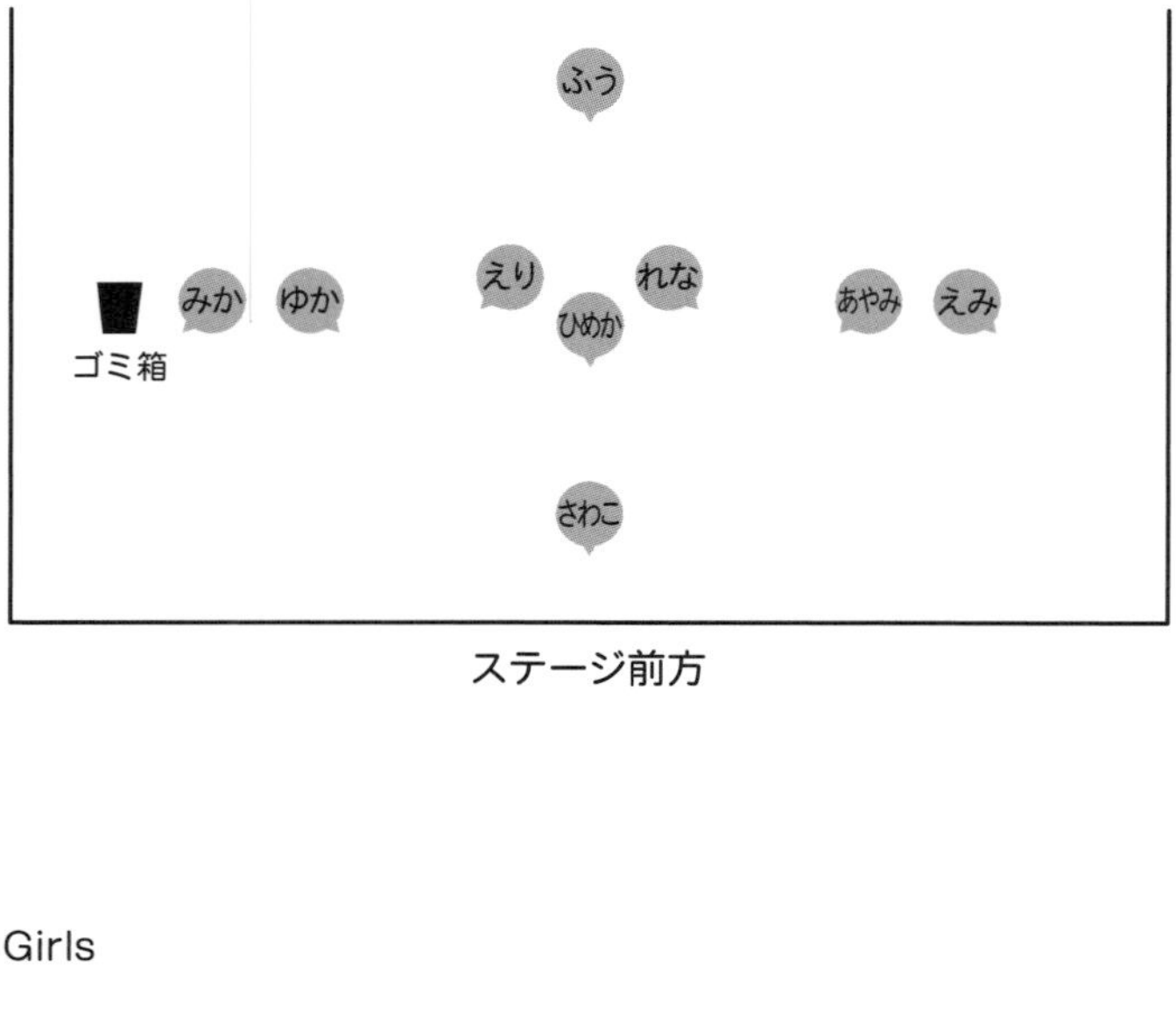

えり　つーか、もうすぐクラス対抗《たいこう》ダンス大会《たいかい》じゃね？　マジ練習《れんしゅう》しないとマンモスやばしでしょー！

れな&ひめか　だよね――！

ひめか　あれーなんかあたしおんなじこと話《はな》した気《き》がするんですけどー。

れな　それデジャブーじゃね――！　イケテルー!!

ひめか　まああたしたちいつも同《おな》じことしか話《はな》してないからねー！

れな&えり　それ言《い》えてる――！

さわこは席《せき》に座《すわ》っている。

みか　あら、さわこどうしたの？　早《はや》く更衣室《こういしつ》行かないと遅《おく》れるわよ。　何《なに》か探《さが》してるみたいだけど、もしかしてこれ？（ゴミ箱《ばこ》から汚《よご》れた体操着《たいそうぎ》を出《だ》す）

ゆか　あれ、よく見《み》たらこれさわこって名前《なまえ》書《か》いてあるじゃん！　だれかがゴミだと思《おも》って捨《す》てたんじゃない？　ひどいよね。だれ？こんなことしたの？　あやみ、えみ知《し》ってる？（あやみ&えみは首《くび》を振《ふ》る）そう、かわいそうね。

みか　さわこ、早《はや》く他探《ほかさが》さないとまた体育《たいいく》出《で》れないわよ。

みかとゆかがはけようとする、さわこが立《た》ち上《あ》がる。

さわこ　やめてよ！　なんでこんなことするの？　バカみたい。こんな弱《よわ》い者《もの》いじめなんかして、あなた、お母《かあ》さんと変《か》わらないじゃん！　あなたたちもそうよ！（あやみ&えみに向《む》かって）自分《じぶん》は何《なに》もしてないから悪《わる》くないってこと？　みかちゃん、ゆかちゃん。もうやめて！　こんなこと絶対許《ぜったいゆる》さない！

（みんなびっくりしている）わたしは絶対《ぜったい》にいじめを許《ゆる》さない！（暗転《あんてん》）

七場　ダンス大会《たいかい》

歓声《かんせい》の音《おと》。
舞台《ぶたい》にはれな、えりとひめか。
舞台上《ぶたいじょう》には椅子《いす》はない。

れな　とうとう来《き》ちゃったねー！　本番《ほんばん》だよ！

えり　緊張半端《きんちょうはんぱ》ね——けど、でも絶好調《ぜっこうちょう》です。

ひめか　ガンバ！　ルンバ！　みんなー集《あつ》まれ！

全員《ぜんいん》が集合《しゅうごう》してくる。さわこがあやみとえみに近《ちか》づく。

さわこ　今日《きょう》はおもいっきり楽《たの》しもうね！

全員《ぜんいん》で円陣《えんじん》を組《く》む。

ひめか　ようし！　とうとう本番《ほんばん》！　みんながんばるよー!!

全員《ぜんいん》　おう!!

ダンスを踊《おど》る。（ダンスの間奏中《かんそうちゅう》にひめかがみかとゆかに近《ちか》づき）

ひめか　みか、ゆか。今日《きょう》しかないよ！

●曲は子供たちが踊りたいものを採用する。

みか　うん。さわこちゃん、本当《ほんとう》にごめんね。
ゆか　ごめんなさい。よかったら許《ゆる》してほしい。
さわこ　大丈夫《だいじょうぶ》。みんなの気持《きも》ちはわかってるからさ。さっ！　思《おも》いっきり楽《たの》しもう！
みか&ゆか　ありがとう！
さわこ　ふうちゃん。
ふう　何《なに》？
さわこ　今日《きょう》は良《い》い天気《てんき》だ！

ダンスを踊《おど》る。

終《お》わり

●間奏中にセリフを入れるのが難しければ、ダンス前にセリフをやるのでも良い。

7 わたしと不思議《ふしぎ》な時間《じかん》

主題　挑戦《ちょうせん》
対象学年　中学年《ちゅうがくねん》・高学年《こうがくねん》
人数　1クラス　13名《めい》
時間　35分《ふん》
あらすじ　小学《しょうがく》6年生《ねんせい》のアリスは、卒業《そつぎょう》間近《まぢか》にある事故《じこ》がきっかけで友達《ともだち》と会《あ》えなくなってしまった。一人《ひとり》ぼっちのアリスが、ある日《ひ》不思議《ふしぎ》な世界《せかい》に迷《まよ》い込《こ》む。
登場人物　アリス・先生《せんせい》・クラスメイト・羽織《はおり》・ユリカ・里花《りか》・美雪《みゆき》・リン・スズ・らん・美音《みおん》・吉子《よしこ》・沙也可《さやか》（クラスメイトがキャラクターを演《えん》じる）・ウサギ1〜3・キャラ1〜10・メリーアン・いも虫《むし》・チェシャねこ1〜3・別《べつ》の先生《せんせい》

●クラスメイトの名前は変更可。

一場　一人《ひとり》の教室《きょうしつ》

（暗転《あんてん》の中《なか》）カモメの鳴《な》き声《ごえ》と波《なみ》の音《おと》が聞《き》こえている。
明《あ》かりが徐々《じょじょ》につき、後《うし》ろに少女《しょうじょ》たちが立《た》っている（シルエット）。
真《ま》ん中《なか》にアリスが正面《しょうめん》を向《む》き椅子《いす》に座《すわ》っている（スポット）。
場所《ばしょ》は違《ちが》うが一緒《いっしょ》の空間《くうかん》にいる。先生《せんせい》が出席《しゅっせき》をとっている。

先生《せんせい》　はーい出席《しゅっせき》とるよー。羽織《はおり》（返事《へんじ》）、ユリカ（返事《へんじ》）、里花《りか》（返事《へんじ》）、美雪《みゆき》（返事《へんじ》）、リン（返事《へんじ》）、スズ（返事《へんじ》）、らん（返事《へんじ》）、美音《みおん》（返事《へんじ》）、吉子《よしこ》（返事《へんじ》）、沙也可《さやか》（返事《へんじ》）、アリス。

アリス　ハイ!!
先生《せんせい》　みんな、ちゃんとあれをやってきた?
リン　もちろん!　わたしのアイデア最高《さいこう》じゃない?
らん　はいはい。みんなちゃんと自分《じぶん》の夢《ゆめ》を書《か》いてきた?
羽織《はおり》　私《わたし》の夢《ゆめ》は壮大《そうだい》なんだから!　ね!　アリス!
アリス　うん!　わたしの夢《ゆめ》もね!
美雪《みゆき》　卒業《そつぎょう》ソングもちゃんと練習《れんしゅう》してきた?
全員《ぜんいん》　もちろん!
先生《せんせい》　はいはい。わかりました。じゃあ、あとであそこに埋《う》めに行《い》きましょう!
全員《ぜんいん》　はーい!（みんな楽《たの》しそうな会話《かいわ》をしている）
沙也可《さやか》　楽《たの》しみだね。ねっ!　アリス!
アリス　うん!

突然大《とつぜんおお》きな音《おと》。みんな止《と》まる。シルエットに映《うつ》る人《ひと》たちがゆっくりいなくなっていく。

アリス　みんな!　どこ行《い》くの?　羽織《はおり》ちゃん!　里花《りか》ちゃん!　沙也可《さやか》ちゃん!　先生《せんせい》!　みんなどこ行《い》っちゃったの?（泣《な》き出《だ》す。ゆっくり暗転《あんてん》）

二場　ウサギと追《お》いかけっこ

チャイムが鳴《な》り、そこは学校《がっこう》の教室《きょうしつ》。アリスが目覚《めざ》める。

アリス　夢《ゆめ》?

そこに一人《ひとり》の先生《せんせい》。

別《べつ》の先生《せんせい》　アリス、新《あたら》しい学校《がっこう》には慣《な》れたかい？
アリス　……はい。
別《べつ》の先生《せんせい》　アリス、卒業文集《そつぎょうぶんしゅう》にのせる作文《さくぶん》は書《か》けたかな？
アリス　ううん、まだです。
別《べつ》の先生《せんせい》　なんでもいいんだよ。十年後《じゅうねんご》の自分《じぶん》の夢《ゆめ》を自由《じゆう》に書《か》いていいんだ。
アリス　うん。
別《べつ》の先生《せんせい》　じゃあ書《か》けたら提出《ていしゅつ》してね。アリス、色々《いろいろ》と大変《たいへん》だろうけど負《ま》けちゃだめだぞ！　さよなら。
アリス　さよなら。……十年後《じゅうねんご》の夢《ゆめ》……そんなの書《か》けないよ。

舞台袖《ぶたいそで》から歌《うた》が聞《き》こえる。

アリス　この曲《きょく》。えーっとなんだっけ？（すると突然袖《とつぜんそで》からウサギが登場《とうじょう》）
ウサギ　ああ急《いそ》がなきゃ、急《いそ》がなきゃー。早《はや》くしないとあいつが来《き》ちゃうよ。

ウサギははける。また別《べつ》のウサギが現《あらわ》れる。

ウサギ2　ああ、急《いそ》がないとあいつが来《き》ちゃう！（アリスに）ほら君《きみ》も急《いそ》いで！
アリス　わたし？　あのうなんでそんなに急《いそ》いでるんですか？

ウサギは無視《むし》して走《はし》り去《さ》る。

●テーマソングを歌う（子供たちが決めて良い）。ここでは歌詞ではなく「ラララ」などで歌う。
●ウサギとあるが、ウサギの格好でなくても良い。

間髪《かんぱつ》入《い》れずまた別《べつ》のウサギが別《べつ》の方向《ほうこう》から現《あらわ》れる。

ウサギ3　急《いそ》がなきゃ急《いそ》がなきゃあ。早《はや》くしないとあいつが来《く》るぞ。そこの君《きみ》も早《はや》く来《き》て！

アリス　あの、うさぎさん！　どこに行《い》くの？（うさぎは無視《むし》して行《い》ってしまう）ちょっと待《ま》って！　話《はなし》を聞《き》いてよ！　ねえ！

アリスはウサギを追《お》いかけ始《はじ》める。音楽《おんがく》『ウサギと追《お》いかけっこ』四方八方《しほうはっぽう》からウサギが現《あらわ》れ、ダンス的《てき》な表現《ひょうげん》。

三場　鏡《かがみ》の前《まえ》

アリスがウサギを追《お》いかけていると一羽《いちわ》が大《おお》きな鏡《かがみ》に飛《と》び込《こ》む。アリスはその鏡《かがみ》の前《まえ》で止《と》まる。その鏡《かがみ》にはたくさんの自分《じぶん》が映《うつ》っている。

アリス　不思議《ふしぎ》な鏡《かがみ》。

アリスは手《て》を上《あ》げたり、変《へん》な顔《かお》をしたりして遊《あそ》ぶ。鏡《かがみ》のアリスたちも同《おな》じ動《うご》きをする。すると突然《とつぜん》一人《ひとり》の鏡《かがみ》の中《なか》のアリスが動《うご》きを間違《まちが》える。

アリス　あれ！　違《ちが》う！

●キャラたちがアリスの動きに合わせて動く（ミラーゲーム）。

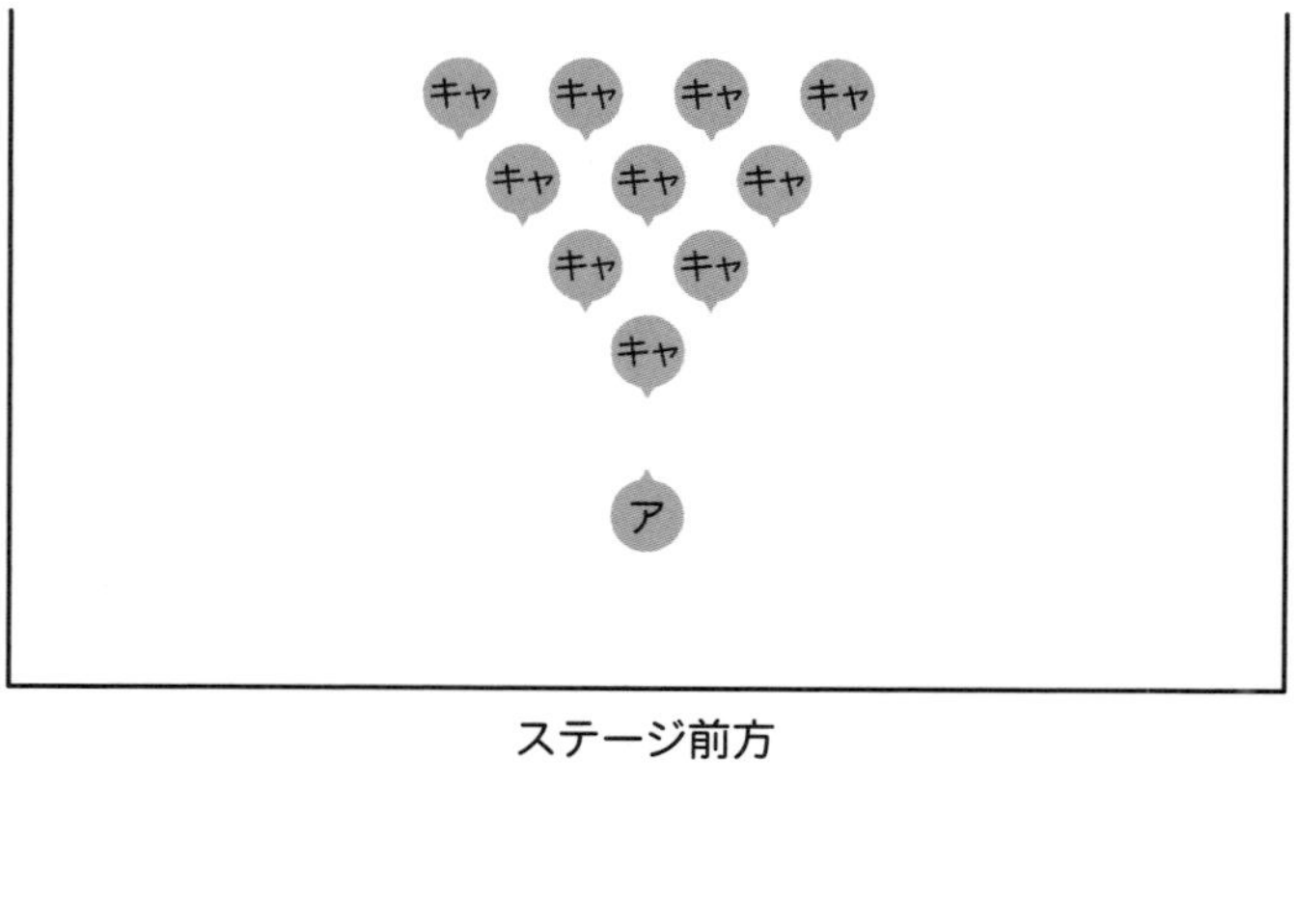

四場 長《なが》ーい廊下《ろうか》とドア

すると突然《とつぜん》、鏡《かがみ》の中《なか》のアリスたちがアリスを中《なか》に引《ひ》き込《こ》む。

アリスは目《め》を覚《さ》まし起《お》き上《あ》がるとそこは長《なが》い廊下《ろうか》でたくさんのドアが並《なら》んでいる。とても暗《くら》くて薄気味悪《うすきみわる》い場所《ばしょ》。ドアには鍵《かぎ》がかかっている。アリスは長《なが》ーい廊下《ろうか》を進《すす》むがずっとドアが続《つづ》いている。

アリス　**気味悪《きみわる》い。**

キャラの一人《ひとり》が歌《うた》を口《くち》ずさむ。

アリス　**だれ？　だれかいるの？**（歌《うた》ストップ）**いるなら返事《へんじ》して！**

誰《だれ》も答《こた》えてくれない。恐怖心《きょうふしん》がどんどん募《つの》るアリス。

アリス　**もう嫌《いや》！　こんなところ早《はや》く出《で》たい。もう一人《ひとり》は嫌《いや》だよ！**（泣《な》き出《だ》す）

気《き》づくと小《ちい》さな瓶《びん》が置《お》いてあり、『召《め》し上《あ》がれ、すると、、、』と書《か》いてある。

アリス　（飲《の》み物《もの》を持《も》ち上《あ》げて）**『召《め》し上《あ》がれ、すると、、、』って怪《あや》しいな。何《なに》か起《お》こるってこと?!**（飲《の》み物《もの》を見《み》る）**……でも、このままこんなとこにず**

● キャラはドアの役として、片手をグーにしてドアノブを表現。アリスが触って「ガチャガチャ」と言う。

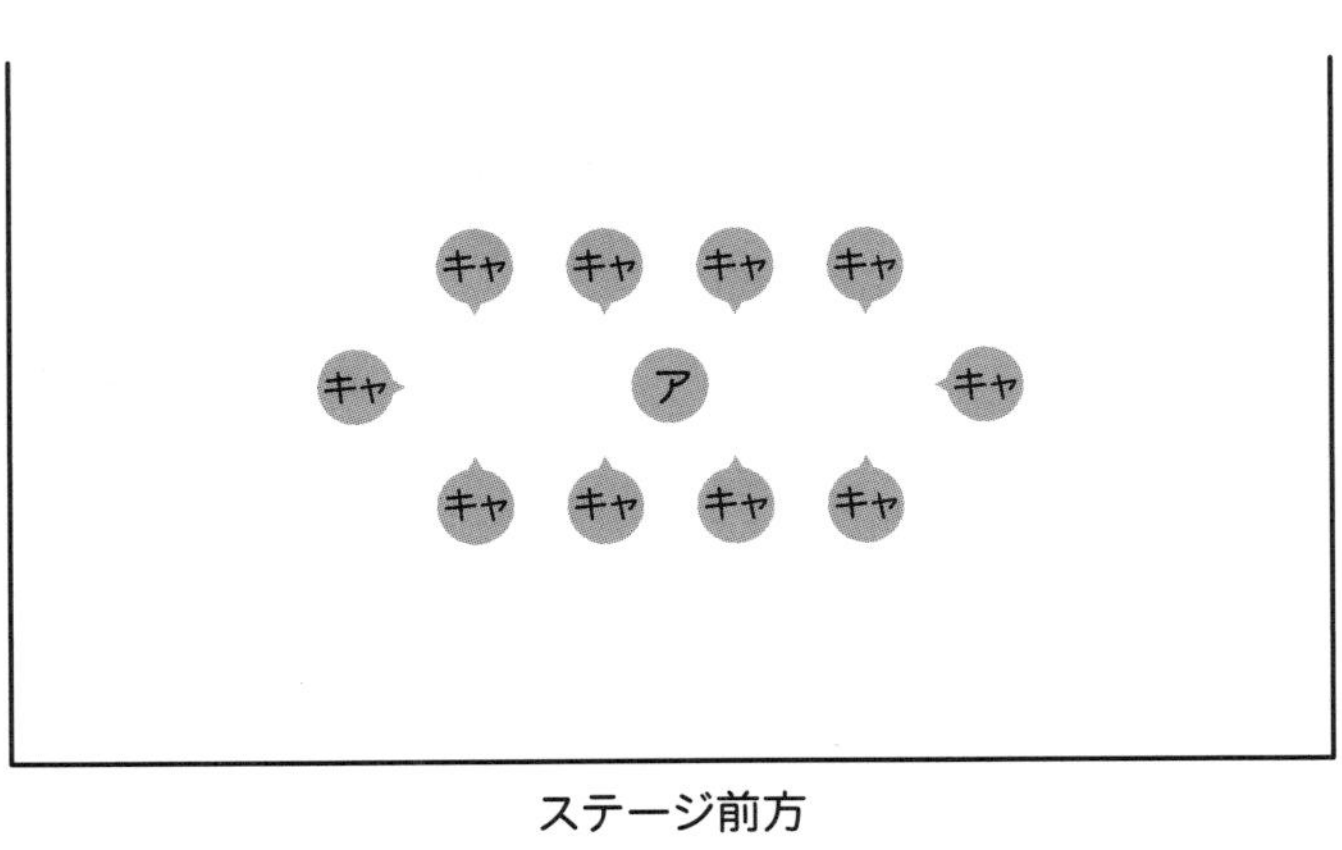

ーっといるぐらいなら。ええい！　もう飲《の》んじゃえ！

アリスがそれを飲《の》むと突然《とつぜん》大《おお》きくなる。（影絵《かげえ》で表現《ひょうげん》）

キャラ全員《ぜんいん》　じぇじぇじぇ!?!?

キャラ1　おいおいおい！　まさかこんなになるなんて聞《き》いてないぞ！

キャラ2　でかい!!!

キャラ3　こんな効《き》き目《め》があるのね——。

キャラ4　だれだよ！　こんなの持《も》ってきたの！

キャラ5　はいはーい。

キャラ6　お前《まえ》かよー！　本当《ほんとう》に勘弁《かんべん》してくれよ！　どうするんだよ？

キャラ7　はいはいはーい！　じゃあさ、これを食《た》べさせれば？（ケーキ）

キャラ8　ケーキ？　どうやって？

キャラ9　うーん。。投《な》げてみたら？

キャラ10　オーケー。ほい！

ケーキを投《な》げてアリスの口《くち》に入《い》れるとアリスは小《ちい》さくなっていく。
キャラたちはまたドアに戻《もど》る。

アリス　ビックリしたあ。

すると突然《とつぜん》一羽《いちわ》のウサギが現《あらわ》れて

ウサギ　ああ急《いそ》がなきゃ急《いそ》がなきゃ。あいつが来《く》るよ！

- キャラたちは影を見ながらセリフ。
- ケーキはマイムでも良い。

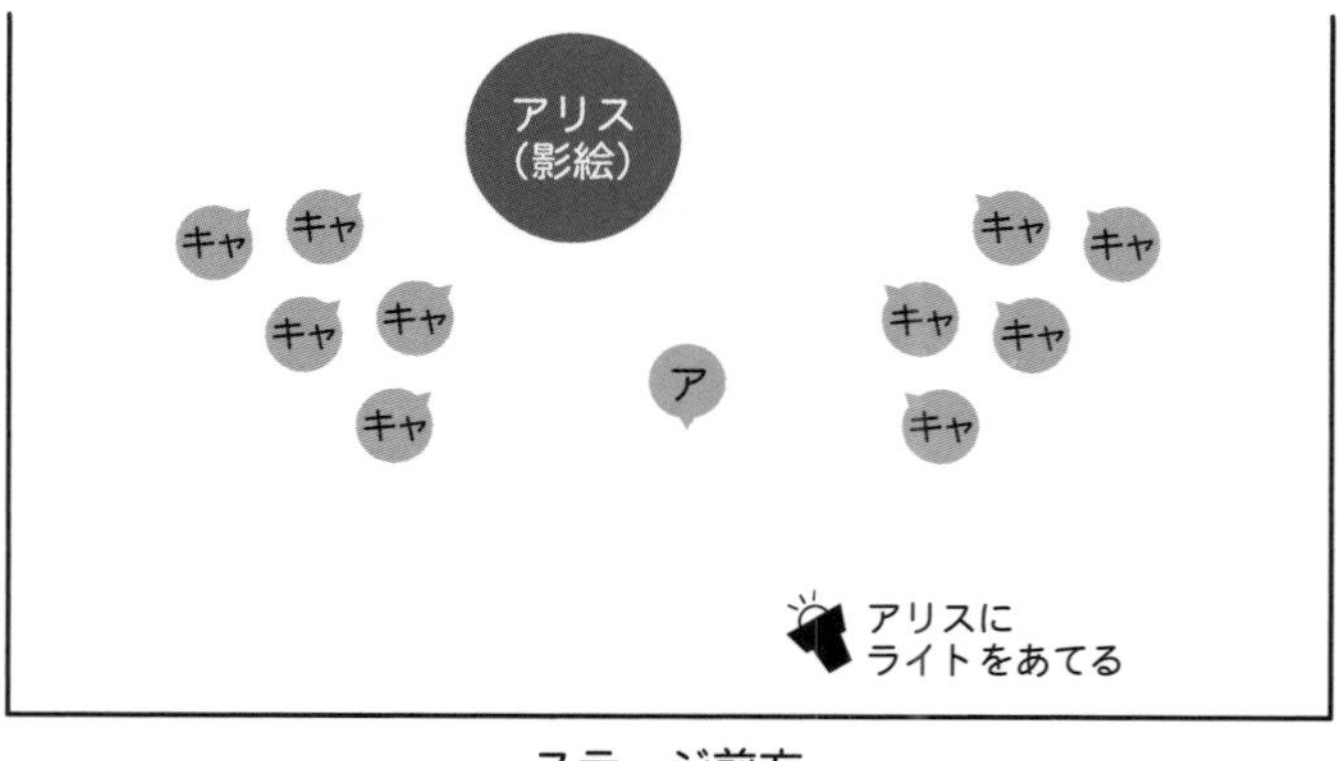

ステージ前方

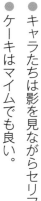

ウサギはドアを開《あ》けて出《で》て行《い》った。それを見《み》たアリスはそのドアを開《あ》けると、突然大《とつぜんおお》きな物音《ものおと》。

アリス　きゃっ！（大《おお》きな音《おと》と一緒《いっしょ》に暗転《あんてん》）

五場　乾《かわ》かしゲーム

アリスが倒《たお》れているとそこには十匹《じゅっぴき》の動物《どうぶつ》たちが覗《のぞ》き込《こ》んで見《み》ている。アリスが気《き》がつくと動物《どうぶつ》たちはワッと離《はな》れる。

キャラ1　あんただれ？

キャラ2　しーしーしー、怖《こわ》がらせちゃだめ！　あなたはだれ？

アリス　え？　うーんと、、、

キャラ2　早《はや》く言《い》いなさい！

キャラ3　まあまあまあ、そんなカッカッカッカしないで。ハロー！　どうだい今日《きょう》の気分《きぶん》は？

アリス　え！　うーんと、突然《とつぜん》いろいろなことがあって、最初《さいしょ》はウサギさんを追《お》っかけて、、

キャラ3　そうだね――濡《ぬ》れたねー！　いやあ濡《ぬ》れたねえ。

キャラ4　ビチョビチョだよ！

キャラ5　ビッチョビチョだよ！

キャラ6　乾《かわ》かさないと。

キャラ5　どうやって？

キャラ7　こうやって回《まわ》ってみたら？

キャラ8　ふーふーしてみたら？

キャラ9　それは熱《あつ》い時《とき》でしょ！

キャラ全員《ぜんいん》　(それぞれがアイデアを言《い》っている)

キャラ10　早口《はやくち》サイダー言葉《ことば》は？

キャラ全員《ぜんいん》　……(みんなキャラ10を見《み》るが、またお互《たが》いに相談《そうだん》し合《あ》う)

キャラ10　(周《まわ》りを無視《むし》して)コホン、えー、ある日《ひ》のこと、サイダーシュワシュワ三《さん》サイダー合《あ》わせてシュワシュワ六《ろく》サイダーと書《か》かれた赤《あか》サイダー青《あお》サイダー黄《き》サイダーを持《も》っている客《きゃく》はよくサイダー飲《の》む仮面《かめん》ライダーで、シュワ麦《むぎ》シュワ豆《まめ》シュワ卵《たまご》も好《す》きだったが、シュワシュワ記念《きねん》に地図帳《ちずちょう》でサイダー島《しま》を探《さが》しながらシュワシュワハジけるライダーショーを観《み》に行《い》く予定《よてい》だった。(口《くち》を押《お》さえられる)

アリス　……全然《ぜんぜん》乾《かわ》いてないみたい。

キャラ5　かくなる上《うえ》は、審議《しんぎ》の一時中断《いちじちゅうだん》の動議《どうぎ》を提出《ていしゅつ》するものであります。しかる後《のち》に一層活力的《いっそうかつりょくてき》なる対処法《たいしょほう》を速《すみ》やかに採択《さいたく》すべきー……

キャラ8　日本語《にほんご》しゃべれ。

キャラ2　そんな言葉《ことば》は半分《はんぶん》もわかんない。なんか自分《じぶん》のことを偉《えら》いと思《おも》っている大人《おとな》がしゃべってるみたい。どうせ、自分《じぶん》でもわかってないくせに。

キャラ5　げげっ!!

キャラ4　ああ！　わかった！　乾《かわ》かし競争《きょうそう》でしょう！

キャラ全員《ぜんいん》　ああ!!　乾《かわ》かし競争《きょうそう》ね！　いいねいいね！　やろう！

アリス　それってどうやってやるの？

キャラ4　一番良《いちばんい》い方法《ほうほう》はやってみることだよ。さあみんな準備《じゅんび》はいいかな？位置《いち》について、よーいドン！

乾《かわ》かし競争《きょうそう》ダンス。キャラ10が早口言葉《はやくちことば》を歌《うた》ってる。

キャラ4　はい！　終了《しゅうりょう》!!!

キャラ1　だれが勝《か》ったの？

キャラ4　みんなだよ！　みんな！　だからみんなサイダーをもらえる！

キャラ2　だれがくれるのさ？

キャラ4　この子《こ》だよ（アリスを指《さ》す）

キャラ全員《ぜんいん》　サイダーサイダー!!!

アリス　ええ？　そんなの持《も》ってないわよ。。ええええ！

アリスは逃《に》げる。キャラたちはそれを見届《みとど》け、集《あつ》まり次《つぎ》の作戦《さくせん》を考《かんが》えている。

キャラ1　よし、次《つぎ》はあれをこうして、こうで！　みんなオッケー？

キャラ全員《ぜんいん》　うん！

六場　小《ちい》さなお家《うち》

アリスは動物《どうぶつ》たちから逃《に》げると、素敵《すてき》な庭《にわ》に着《つ》いた。そこでは素《す》敵《てき》な花《はな》たちが歌《うた》を歌《うた》っていた。反対側《はんたいがわ》ではメリーアンが同《おな》じ曲《きょく》をハーモニカで吹《ふ》いている。

アリス　（花《はな》たちを見《み》て）この歌《うた》なんか聞《き》いたことあるな。。（メリーアンに気《き》づき目《め》が合《あ》う）

●ダンスを子供たちと考える。競争をモチーフにしたダンスにする必要はない。

【参考音楽】RAM RIDER作詞・作曲　TEMPURA KID歌『CIDER CIDER』

●上手にお花チーム（3～4人）。

●ハーモニカでなくても別の楽器でも可。

するとウサギが現《あらわ》れる。

ウサギ　ああ急《いそ》がなきゃあ。またあいつが来《き》ちゃうよーメリーアン！　そんなとこで何《なに》してるんだ！

メリーアン　はいはい、忙《いそが》しいねー。

ウサギとメリーアンはお家《うち》に入《はい》る。アリスはそれを追《お》いかけてお家《うち》に入《はい》る。

ウサギ　ああー時間《じかん》がないぞ！　メリーアン！　メリーアン！　ちゃんとあれは書《か》き終《お》わったか？　あれも書《か》かなきゃだし、あれも練習《れんしゅう》しないとだし！　ああ、ちょっと手伝《てつだ》ってくれ!!

メリーアン　はーい。いやー忙《いそが》しいねー。でも、ぼくはもう書《か》き終《お》えたし、練習《れんしゅう》もバッチリだよ！　手伝《てつだ》えって言《い》われてもなあ。

アリス　書《か》かなきゃとか練習《れんしゅう》しなきゃとかってなんのこと？　あのメリーアンってだれかに似《に》てるな。だれだっけ？　それにさっきから言《い》っている。あいつが来《く》るってなんだろう。うーん。。（机《つくえ》の上《うえ》の飲《の》み物《もの》を見《み》て）これおいしいそう！　ちょっといただいちゃおう！

アリスはそれを飲《の》むとまたぐんぐん大《おお》きくなる。腕《うで》が窓《まど》から突《つ》き抜《ぬ》けたり、足《あし》が壁《かべ》から突《つ》き抜《ぬ》ける。とうとう頭《あたま》まで突《つ》き抜《ぬ》ける。

アリス　やだ！　また大《おお》きくなっちゃった！

ウサギ　おい！　人《ひと》の家《うち》で何《なに》やってるんだ！

●家に三つの顔出し穴がある。腕を出す用の小さな穴二つ（これは他のメンバーがアリスの腕として出す）。

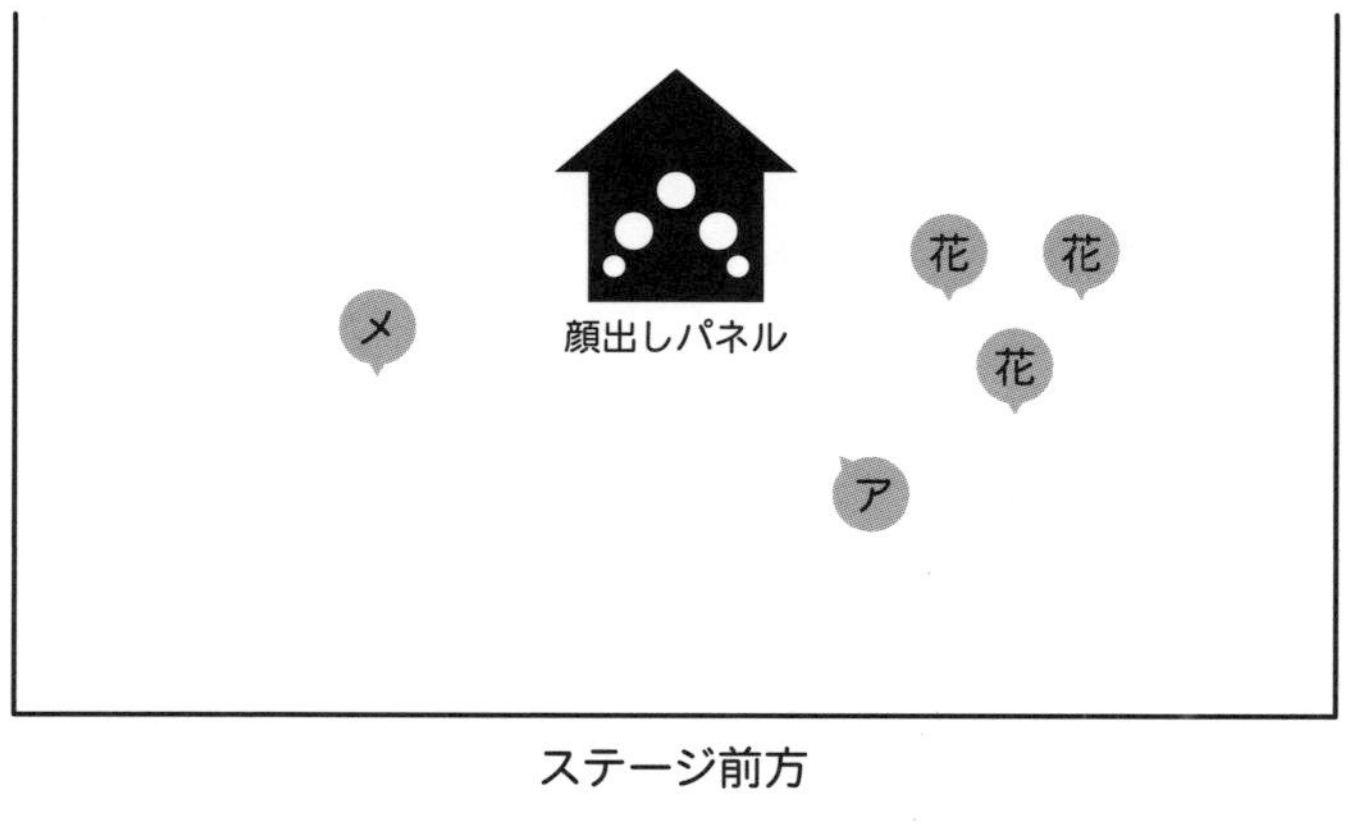

メリーアン　ありゃあ、こりゃあ直《なお》すの大変《たいへん》だぞ！
アリス　ごめんなさーい！
ウサギ　ああもう！　こんな忙《いそが》しい時《とき》に何《なに》してくれるんだ！　ほれ、これを食《く》え!!
（ウサギはアリスにケーキを投《な》げる）

するとアリスはどんどんまた小《ちい》さくなって、怒《おこ》られるのが怖《こわ》くて逃《に》げ出《だ》す。ウサギとメリーアンは客席《きゃくせき》を見《み》てニヤと笑《わら》う。

七場　いも虫《むし》との会話《かいわ》

アリスは逃《に》げ回《まわ》ってると完全《かんぜん》に道《みち》に迷《まよ》ってしまった。するとシャボン玉《だま》を吹《ふ》いてるいも虫《むし》と出会《であ》った。いも虫《むし》はじーっとアリスを見《み》ている。

いも虫《むし》　あんただれ？
アリス　えっ！　あの、えーっと……。
いも虫《むし》　何《なに》をしてる？
アリス　え、あのーいも虫《むし》さん、あまりよくわからないんです。
いも虫《むし》　そりゃあ、いったいどういうことかね？
アリス　わからないんです。ウサギを追《お》いかけたら色々《いろいろ》なことがあって、頭《あたま》の中《なか》がぐちゃぐちゃなんです。そんなことありますよね？
いも虫《むし》　ないね。
アリス　いろんなことがあったんです。こんなこと今《いま》までなかった気《き》がするんで

● 一列になる。先頭がいも虫の顔。

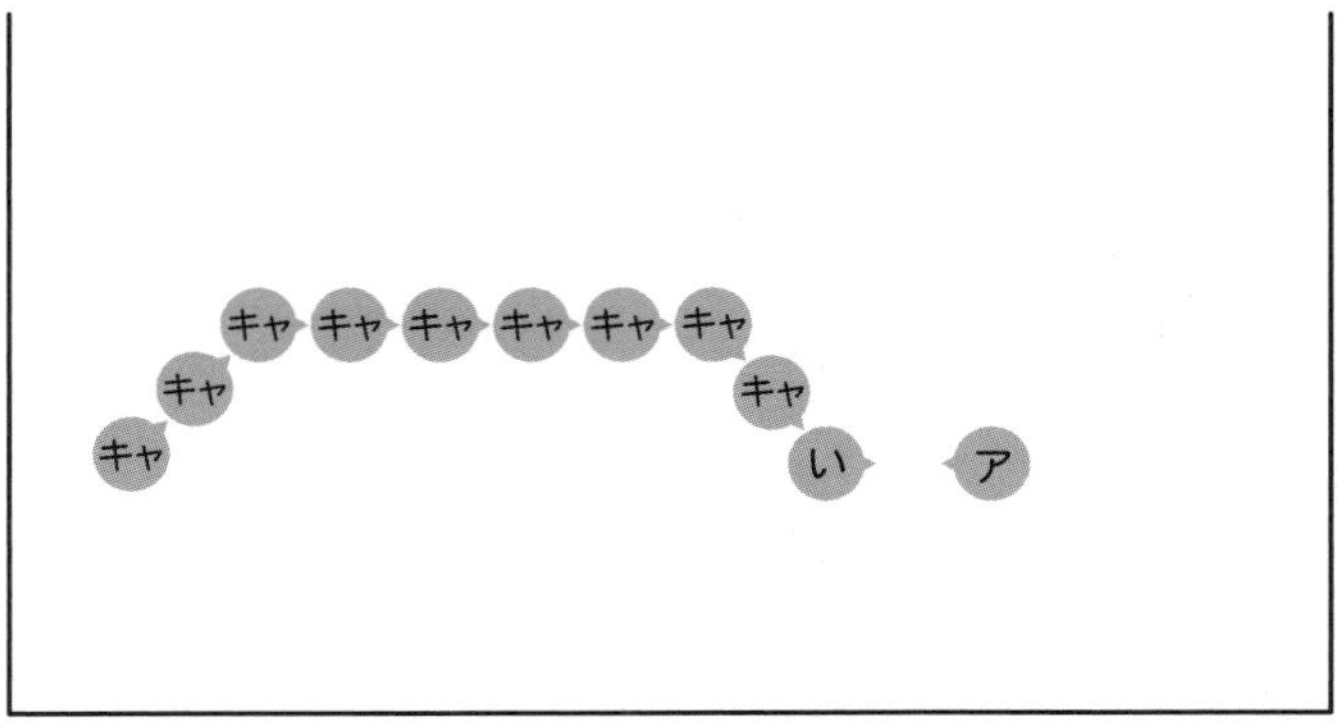

ステージ前方

すけど、なんか知《し》ってるような知《し》らないような、、そんな気《き》もしていて、

アリス　うーん。思《おも》い出《だ》せないんです。

いも虫《むし》　思《おも》い出《だ》せないことなんてない。

アリス　一《ひと》つの歌《うた》があったんです。でもそれも思《おも》い出《だ》せなくて。（思《おも》い出《だ》そうと歌《うた》ってみるがどうしても思《おも》い出《だ》せない）

いも虫《むし》　（途中《とちゅう》からその歌《うた》を歌《うた》う）

アリス　その歌《うた》！　でも、なんであなたは知《し》ってるの？

いも虫《むし》　さあな。ところで、お前《まえ》は歩《ある》く時《とき》にどっちを向《む》いてる？

アリス　え？　もちろん前《まえ》を向《む》いています。

いも虫《むし》　ふーん。では、うしろを見《み》ながら前《まえ》に歩《ある》くことはできるかい？

アリス　できなくはないけど、難《むずか》しいですね。やっぱり前《まえ》に行《い》く時《とき》はしっかり前《まえ》を向《む》かないと。

いも虫《むし》　そうだな。お前《まえ》はちゃんと前《まえ》を向《む》いているか？

アリス　ん？　どういう意味《いみ》ですか？

いも虫《むし》　すべての生《い》き物《もの》たちはちゃんと前《まえ》を向《む》いて生《い》きてる。お前《まえ》はちゃんと前《まえ》を向《む》いているか？

アリス　はい。向《む》いていると思《おも》います。

いも虫《むし》　そうかな。前《まえ》には何《なに》が見《み》える？

アリス　えっ？　そんなのわからない。

いも虫《むし》　ふーん。（いも虫《むし》は去《さ》ろうとする）

アリス　ちょっとどういう意味《いみ》？　何《なに》が見《み》えるの？

いも虫《むし》　お前《まえ》が本当《ほんとう》に前《まえ》を向《む》いた時《とき》に自然《しぜん》と見《み》えるさ。わしが自然《しぜん》と蝶《ちょう》になるようにな。

アリス　え？

いも虫《むし》はどこか行《い》ってしまう。アリスは反対方向《はんたいほうこう》に去《さ》る。

八場　チェシャねこ

アリスが戻《もど》ってくると、そこは森《もり》の中《なか》。暗《くら》がりにチェシャねこが浮《う》かび上《あ》がる。ねこはニヤッとした顔《かお》をしている。（ねこはしゃべる時《とき》だけ懐中電灯《かいちゅうでんとう》で自分《じぶん》の顔《かお》を照《て》らす）

アリス　あのう、ねこさんお願《ねが》いです。これからわたしはどこに行《い》ったら良《い》いかしら？

ねこ1　それは、かなりあなたの行《い》きたいところによるニャー。

アリス　うーん、どこでもいいんですけど。

ねこ2　じゃあどこに行《い》こうが関係《かんけい》ないニャー。

アリス　でもどこかへは着《つ》きたいんです。

ねこ3　ああ、そりゃどこかへは着《つ》くニャー。たっぷり歩《ある》けばまちがいなく。

アリス　（話《はなし》を変《か》えようと）ここらへんには、どんな人《ひと》が住《す》んでいるんですか？

ねこ1　あっちの方向《ほうこう》には、（上手《かみて》をさす）帽子屋《ぼうしや》がすんでるニャー。それとあっちの方向《ほうこう》には、（下手《しもて》をさす）

ねこ2　三日月《みかづき》ウサギがすんでるニャー。好《す》きな方《ほう》をたずねるといいニャー。

ねこ3　どちらもおかしな楽《たの》しい奴《やつ》らニャー。

アリス　じゃあ、どちらに行《い》った方《ほう》が良《い》いですか？

ねこ1　そいつはおいらには決《き》められないニャー。会《あ》いたい人《ひと》に会《あ》うニャー。

アリス　どちらとも会《あ》いたいわけでは、

ねこ2　じゃあ、ただ前《まえ》を向《む》いて行《い》くニャー。そしたら着《つ》くニャー。

ねこ3　あっ！　聞《き》くのを忘《わす》れてたニャ。あんたの夢《ゆめ》はなんだニャ？

アリス　え？　うーん。。

ねこ1　なりたい自分《じぶん》、やりたいことないのかニャ？

ねこ2　みんな持《も》ってるニャー。あなたもニャ。

アリス　わたしも？

ねこ3　自分《じぶん》に聞《き》いてごらんニャ。

アリス　え？　うーん、、、

ねこ1　わたしは知《し》ってるニャ。

アリス　そんなのない！

ねこ2　なりたい自分《じぶん》。

ねこ3　やりたいこと。

ねこ1　なんだニャー？。

ねこ全員《ぜんいん》　そんな夢《ゆめ》。あんたは持《も》ってたニャニャー——。（三匹《さんびき》がニヤッと笑《わら》う）

チェシャねこは消《き》える。

アリス　わたしの夢《ゆめ》……そんなのないよ。わたしに夢《ゆめ》なんて……それよりどっちに行《い》こうかな？　よしこっちにするニャ。。　ってニャが移《うつ》っちゃった！

帽子屋《ぼうしや》の方《ほう》（上手《かみて》）へ歩《ある》いて行《い》く。

九場　ティーパーティー

ティーパーティーはまるで学校《がっこう》の教室《きょうしつ》のような場所《ばしょ》で十人《じゅうにん》のキャラクターたちが席《せき》に座《すわ》ってしゃべっている。アリスが入《はい》ってきて空《あ》いてる椅子《いす》に座《すわ》る。チャイム。先生《せんせい》が登場《とうじょう》。

先生《せんせい》　みんなおはよう！　では、出席《しゅっせき》とります。羽織《はおり》（返事《へんじ》）、ユリカ（返事《へんじ》）、里花《りか》（返事《へんじ》）、吉子《よしこ》（返事《へんじ》）、リン（返事《へんじ》）、スズ（返事《へんじ》）、らん（返事《へんじ》）、美音《みおん》（返事《へんじ》）、美雪《みゆき》（返事《へんじ》）、沙也可《さやか》（返事《へんじ》）、アリス（返事《へんじ》がない）、、アリス！　いないの？　ん？　そこにいるじゃない！　ちゃんと返事《へんじ》しなさいよー。よし、今日《きょう》も元気《げんき》に全員揃《ぜんいんそろ》ってるわね！　あっそうだ！　みんなちゃんとあれやってきた？

十人《じゅうにん》　はーい！

アリス　え？（なんのことかわかってない様子《ようす》）

リン　みんなで卒業《そつぎょう》する記念《きねん》のタイムカプセル！　わたしのアイデア最高《さいこう》じゃない？

●タイムカプセルは箱で良い。

らん　はいはい、とても良《よ》いアイデアでございますよ。それでみんなちゃんと十年後《じゅうねんご》の自分《じぶん》の夢《ゆめ》を書《か》いてきた？

羽織《はおり》　もちろん！　私《わたし》の夢《ゆめ》は壮大《そうだい》なんだから！

美雪《みゆき》　あとわたしたちの卒業《そつぎょう》ソング！　ちゃんと練習《れんしゅう》してきた？

沙也可《さやか》　もちろん！　最高《さいこう》の歌《うた》にしましょ！

先生《せんせい》　はいはい。わかりました。それじゃあ、あとでこのタイムカプセルに入《い》れて、みんなで埋《う》めに行《い》きましょう！

十人《じゅうにん》　はーい！

アリス　（ハッとして）ちょっと待《ま》って！　おかしいよ。これって夢《ゆめ》？　だって今《いま》ここにいるみんなはもういないんだもん。ああ、これは変《へん》な夢《ゆめ》よ!!　起《お》きろ起《お》きろ！（一人《ひとり》がアリスの頬《ほほ》をつねる）痛《いた》い。

美音《みおん》　何《なに》言《い》ってんのよ！　アリス。夢《ゆめ》なんかじゃないわよ。

里花《りか》　さすがにびっくりするよ。だっていなくなったはずのわたしたちが突然《とつぜん》あなたの前《まえ》に現《あらわ》れたんだもん。

吉子《よしこ》　色々《いろいろ》びっくりさせてごめんね。でもみんな、アリスにどうしても会《あ》いたくてさ。

スズ　アリス、あなたの十年後《じゅうねんご》の夢《ゆめ》は何《なに》？

アリス　夢《ゆめ》？　そんなのないよ。わたしに夢《ゆめ》なんてない。

ユリカ　そんなことないわ。だってみんなで書《か》いてここに入《い》れたじゃない。覚《おぼ》えてないの？

アリス　でも、わたし夢《ゆめ》なんてもてないよ。あの時《とき》みんなとタイムカプセルを埋《う》める時《とき》、わたしだけ遅《おく》れちゃって、そしたらあんなことが起《お》こってしまって、みんなはいなくなってしまった。ごめんね。わたしだけ。

リン　何《なに》言《い》ってるの！　アリスは何《なに》も悪《わる》くないよ。それを伝《つた》えるためにみんなでこの世界《せかい》につれてきたの。

らん　わたしたちの分《ぶん》まで今《いま》を明日《あす》を明後日《あさって》を未来《みらい》を楽《たの》しんでよ！

羽織《はおり》　応援《おうえん》してるぞ！

先生《せんせい》　アリス、覚《おぼ》えてるかな？　先生《せんせい》が卒業間近《そつぎょうまぢか》に言《い》ったこと。これからあなたにはたくさんの楽《たの》しいことうれしいこと悲《かな》しいことつらいことが待《ま》ってる。でもね、どんな時《とき》でも顔《かお》を上《あ》げて前《まえ》だけ見《み》て。そしたらそこには希望《きぼう》の光《ひかり》が見《み》えるはず。

目覚《めざ》まし時計《どけい》の音《おと》。

美雪《みゆき》　ああ！　時間《じかん》だわ。アリス、あなたは行《い》かなきゃ。あなたはいつまでもここにいちゃだめよ！

アリス　どういうこと？

沙也可《さやか》　ここの世界《せかい》はここまでしかないの。時間《じかん》になったらまた元《もと》に戻《もど》るだけ。でもあなたにはもっと先《さき》がある。

美音《みおん》　わたしたちは一緒《いっしょ》には行《い》けないけど、でも心《こころ》はいつも一緒《いっしょ》。

里花《りか》　わたしたちの想《おも》いはここに詰《つ》めてあるよ。だからこれはあなたが持《も》っていて。（タイムカプセルを渡《わた》す）

吉子《よしこ》　バイバイ、アリス。

スズ　またね！

アリス　ちょっとみんな待《ま》って！　もっとみんなと話《はな》したいよ。

ユリカ　来《く》る!!

アリス　え!?

また大《おお》きな音《おと》。暗転《あんてん》。

十場　アリスとタイムカプセル

明《あ》かりがつくと、アリスだけが倒《たお》れている。アリスが起《お》き上《あ》がると、

アリス　あれ？　いつの間《ま》にか寝《ね》ちゃったのかな？　夢《ゆめ》見《み》てたんだ。（タイムカ

プセルがあることに気《き》づく）違《ちが》う。夢《ゆめ》なんかじゃない。本当《ほんとう》にみんなに会《あ》ったんだ。

タイムカプセルを開《あ》けるとみんなの夢《ゆめ》が書《か》かれた紙《かみ》が。アリスが歌《うた》を口《くち》ずさむ。曲《きょく》が流《なが》れ始《はじ》める。うしろには仲間《なかま》たちが並《なら》び一緒《いっしょ》に歌《うた》を歌《うた》っている。間奏中《かんそうちゅう》それぞれみんなの名前《なまえ》と夢《ゆめ》を言《い》う。

アリス　アリス！　わたしの夢《ゆめ》は……（本人《ほんにん》の夢《ゆめ》を言《い》ってもらう）

みんなで合唱《がっしょう》。

終《お》わり

●合唱曲は自由にみんなで歌いたい曲を選ぶ。

【参考曲】北川悠仁作詞・作曲　ゆず歌『友～旅立ちの時～』水野良樹作詞・作曲　いきものがかり歌『YELL』、などの卒業ソング。

●本シナリオは『不思議の国のアリス』（ルイス・キャロル）を参考にしている。

8

花《はな》一《いち》華《げ》～あなたが好《す》きです～

主　題　友情《ゆうじょう》・恋《こい》

対象学年　高学年《こうがくねん》

人　数　１０名《めい》

時　間　６０分《ぷん》

あらすじ　4月《がつ》。高校生活《こうこうせいかつ》が始《はじ》まった。どこにでもいる高校生《こうこうせい》。でも、彼《かれ》らは人《ひと》には言《い》えない秘密《ひみつ》がある。それは……。これから始《はじ》まるスクールライフ。キラキラした毎日《まいにち》を過《す》ごせるのか？　恋愛《れんあい》と青春《せいしゅん》真《ま》っ只《ただ》中《なか》のハイスクールストーリー。

登場人物　七瀬《ななせ》 香子《かおるこ》・春野《はるの》 桜《さくら》・鈴川《すずかわ》 葵己《あおい》・椿《つばき》 愛海《あみ》・川野《かわの》 大地《だいち》・田中《たなか》 杏子《あんず》・桐生《きりゅう》 るい・元気《げんき》 希琉星《きらり》・川口《かわぐち》 彩花先生《あやかせんせい》・佐藤《さとう》 太郎先生《たろうせんせい》

一場　出会《であ》い

明転《めいてん》。舞台《ぶたい》に三人《さんにん》の女子高生《じょしこうせい》が立《た》っている。

香子《かおるこ》　わたしの名前《なまえ》は七瀬香子《ななせかおるこ》です。中学生《ちゅうがくせい》の時《とき》に周《まわ》りの女《おんな》の子《こ》がジャニーズやイケメンタレントにキャーキャー言《い》っていても全然《ぜんぜん》ときめかなくて。その代《か》わり、なぜか担任《たんにん》の女性《じょせい》の先生《せんせい》にいつもドキドキしていて。先生《せんせい》に話《はな》しかけられたり、香《かお》りを嗅《か》ぐと胸《むね》がいっぱいになっちゃって。その時《とき》初《はじ》めて気《き》づいたんです。わたし、女《おんな》の子《こ》が好《す》きなんだって。だからわたしの初恋《はつこい》はその先生《せんせい》なんです。でも絶対《ぜったい》にだれにも言《い》えない！　だから女《おんな》の子《こ》が恋《れん》愛対象《あいたいしょう》ってバレないように、全《まった》く好《す》きでもないジャニーズ好《す》きアピール

桜《さくら》　をしまくっているんです！
わたしの名前《なまえ》は春野桜《はるのさくら》です。三人兄弟《さんにんきょうだい》の唯一《ゆいいつ》の女《おんな》の子《こ》で、幼《おさな》い頃《ころ》は女《おんな》の子《こ》らしく育《そだ》てられていました。でも、いつしかそれに違和感《いわかん》を感《かん》じるようになりました。小学生《しょうがくせい》の頃《ころ》、兄《あに》の影響《えいきょう》で野球《やきゅう》を始《はじ》め、男《おとこ》の子《こ》の多《おお》い環境《かんきょう》で過《す》ごしていくうちに、違和感《いわかん》の正体《しょうたい》に気《き》づいたのです。わたしは男《おとこ》の子《こ》なんだ、って。しかし、だんだんと周《まわ》りの目《め》や違《ちが》いを気《き》にするようになって、本当《ほんとう》の気持《きも》ちを隠《かく》してきました。今《いま》は服装《ふくそう》や趣味《しゅみ》、言動《げんどう》などを女《おんな》の子《こ》らしくするように心《こころ》がけています。

葵己《あおい》　わたしの名前《なまえ》は鈴川葵己《すずかわあおい》と言《い》います。わたしには人《ひと》に言《い》えない秘密《ひみつ》があります。その秘密《ひみつ》は、女《おんな》の子《こ》を好《す》きになるということ。今《いま》まで好《す》きになった人《ひと》はみんな女《おんな》の子《こ》だった。でもわたしみたいに同性《どうせい》のことを好《す》きになる人《ひと》は全《まった》くいないわけじゃなくてもあんまりいないみたいで……。秘密《ひみつ》を言《い》ったら友達《ともだち》と気《き》まずくなったり、引《ひ》かれたり嫌《きら》われたりするかも……そう思《おも》ってだれにも言《い》えてなくて。信用《しんよう》できて言《い》っても嫌《きら》われないと思《おも》えるような友達《ともだち》ができたら言《い》おうと思《おも》っています。

三人《さんにん》　絶対《ぜったい》にバレちゃダメだ。

舞台《ぶたい》に「4月《がつ》」という文字《もじ》。音楽《おんがく》が流《なが》れる。学校登校《がっこうとうこう》のダンス。

佐藤《さとう》　はい。皆《みな》さんおはようございます。今日《きょう》から1年《ねん》G組《くみ》の担任《たんにん》になりました。佐藤太郎《さとうたろう》です。シュガタロって呼《よ》んでください。よし、じゃあみんなで一《いっ》回《かい》言《い》ってみよう！　いくよ、せーのっ。

全員《ぜんいん》　……。

佐藤《さとう》　恥《は》ずかしがるなよー。じゃあもう一回《いっかい》いくよ。せーの？（一人《ひとり》で）シュガ

●初演では「4月」などはプロジェクターで投影したが、無理なら紙を出すでもよい。
●ダンスはなしでもいい。音楽の中「おはよう」などと言いながら席に着くなど。

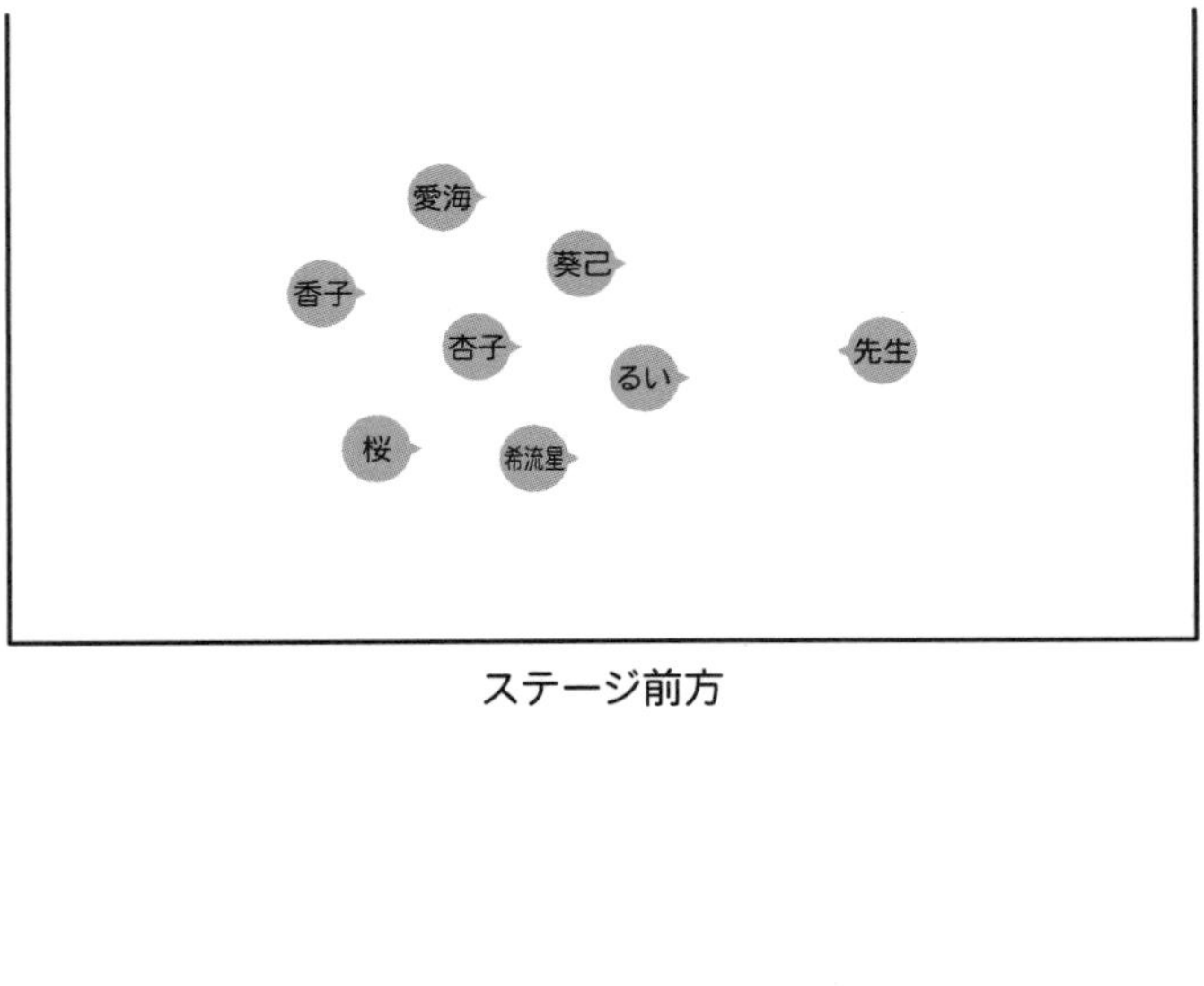

ステージ前方

タロー！……担当教科《たんとうきょうか》は、全部《ぜんぶ》です。全部《ぜんぶ》教《おし》えちゃいます。一生《いっしょう》に一回《いっかい》の高校生活《こうこうせいかつ》。ぜひ満喫《まんきつ》してください。あと、なんでも相談《そうだん》乗《の》るんで、よろしく！　じゃあ、この一年一緒《いちねんいっしょ》に生活《せいかつ》していく仲間《なかま》をお互《たが》い紹介《しょうかい》していこうか？　じゃあ君《きみ》から。

愛海《あみ》　はい。椿愛海《つばきあみ》です。趣味《しゅみ》は料理《りょうり》。好《す》きな食《た》べ物《もの》はハンバーグ。特技《とくぎ》は人《ひと》の話《はなし》を聞《き》くことです。将来《しょうらい》の夢《ゆめ》はカウンセラーです。９月《がつ》８日《か》が誕生日《たんじょうび》なんで、お祝《いわ》いしてください。

佐藤《さとう》　椿《つばき》のお父《とう》さんは有名《ゆうめい》な心理《しんり》カウンセラーさんなんだよな？

愛海《あみ》　パパみたいなカウンセラーになりたいです。よろしくお願《ねが》いします。

佐藤《さとう》　じゃあ、次《つぎ》は鈴川《すずかわ》。

葵己《あおい》　はい。鈴川葵己《すずかわあおい》です。好《す》きな食《た》べ物《もの》はチョコレートとコーヒーとタイカレーです。休日《きゅうじつ》は主《おも》にゲームや読書《どくしょ》をしてます。よろしくお願《ねが》いします。

杏子《あんず》　田中杏子《たなかあんず》です。好《す》きな食《た》べ物《もの》は、わたしもタイカレーです！　同《おな》じだね！　よろしく。お父《とう》さんはタイで仕事《しごと》していて、わたしもお父《とう》さんみたいに海《かい》外《がい》で活躍《かつやく》したいです。自慢《じまん》じゃないけど、タイ語話《ごはな》せます。クァーカクゥーン。

愛海《あみ》　どういう意味《いみ》？

杏子《あんず》　よろしくって意味《いみ》です。お願《ねが》いします。

るい　おはようございます。桐生《きりゅう》るいです。好《す》きな食《た》べ物《もの》は砂肝《すなぎも》とゆずです。夢《ゆめ》は表現者《ひょうげんしゃ》になることです。みんな、よろしく。

愛海《あみ》　かっこいい。

るい　えっ。何《なに》？

愛海《あみ》　いや、なんでもないです。

香子《かおるこ》　七瀬香子《ななせかおるこ》です。誕生日《たんじょうび》は11月《がつ》３日《か》です。好《す》きな食《た》べ物《もの》はアボカドです。

趣味《しゅみ》は香水集《こうすいあつ》めで今日《きょう》はシャネルをつけてきました。なんでかっていうと、推《お》しのジャニーズがつけてる香水《こうすい》だからです。

愛海《あみ》　だれが好《す》きなの?

香子《かおるこ》　ええ。リアコ同担拒否《どうたんきょひ》なんだけど、TO-TO《トート》の吉川直《よしかわなお》くんです。よろしくねえー。

桜《さくら》　春野桜《はるのさくら》です。3月《がつ》3日《か》生《う》まれで、中学《ちゅうがく》までは福岡《ふくおか》にいました。

香子《かおるこ》　かわいい。

愛海《あみ》　えっ?

香子《かおるこ》　いや、あの、福岡《ふくおか》って、TO-TO《トート》の直《なお》くんと同《おな》じ出身《しゅっしん》! まじかわいい!

愛海《あみ》　かわいいの使《つか》い方間違《かたまちが》ってない?

佐藤《さとう》　ほら、途中《とちゅう》で止《と》めない。春野続《はるのつづ》けて。

桜《さくら》　好《す》きな食《た》べ物《もの》は、いちごのショートケーキです。趣味《しゅみ》はかわいいもの集《あつ》めとカフェ巡《めぐ》りです。おすすめのお店《みせ》があれば教《おし》えてください。みんなと仲《なか》良くなりたいです。よろしくお願《ねが》いします。

佐藤《さとう》　よろしくな。あれ? 一人足《ひとりた》りないな?

声《こえ》が聞《き》こえてくる。

声《こえ》　おはようございまーす。さあ今日《きょう》はですね、皆《みな》さん、希琉星《きらり》のスクールライフ見《み》てーってコメントいただいたので実《じっ》は来《き》てまーす! 教室《きょうしつ》でーす。しょっぱなから遅刻《ちこく》やらかしましたー! まじやっべ! でもそんなの関係《かんけい》ねー! それでは入《はい》りまーす!!!

●教室のドアは効果音。

教室《きょうしつ》のドアを開《あ》ける。そこには携帯《けいたい》伸《の》ばし棒《ぼう》で自分《じぶん》を撮《と》りながら元気《げんき》希琉星《きらり》が入《はい》ってくる。

希琉星《きらり》　はーい！　お待《ま》たせええ。イエーイ！　女《おんな》ばっか。男子一人《だんしひとり》！（るいに向《む》かって）それもなんかフェミニンな感《かん》じ！　お！　たぶんこいつ担任《たんにん》です。

佐藤《さとう》　ちょっとひいてる。（先生目《せんせいめ》を逸《そ》らす）目逸《めそ》らしやがったあ！　お名前《なまえ》は？

佐藤《さとう》　佐藤太郎《さとうたろう》です。

希琉星《きらり》　地味《じみ》!!　教科《きょうか》は？

佐藤《さとう》　全部《ぜんぶ》。

希琉星《きらり》　よくばりー！　ははは！　じゃあ座《すわ》りまーす！（黙《だま》る）あっ、あたし、希《き》琉星《らり》です。よろぴこ！

佐藤《さとう》　えーっと。クラス全員揃《ぜんいんそろ》ったみたいだな。では、このクラスで一年間《いちねんかん》よろしく。（先生《せんせい》はける）

杏子《あんず》　葵己《あおい》ちゃん。タイカレー好《す》きなの？

葵己《あおい》　うん。

杏子《あんず》　わたしも超好《ちょうす》きなんだよね。何派《なには》？

葵己《あおい》　わたしはグリーン派《は》です。

杏子《あんず》　一緒《いっしょ》！　インドカレーじゃなくて、タイカレーのそれもグリーン派《は》と出会《であ》えるなんてうれしい。

葵己《あおい》　わたしもです。わたしはそれにナンプラー入《い》れちゃう感《かん》じです。

杏子《あんず》　うっそ。わたしも！

葵己《あおい》　そうなの。

杏子《あんず》　なんか超仲良《ちょうなかよ》くなれそう！　今度《こんど》うちでやるタイカレーパーティー来《き》てよ。

葵己《あおい》　いいの？

杏子《あんず》　うん！　家族《かぞく》のみんなにも紹介《しょうかい》したい。
葵己《あおい》　杏子《あんず》ちゃん。家族仲良《かぞくなか》いんだね。
杏子《あんず》　わたしの一番《いちばん》の宝物《たからもの》は家族《かぞく》なの。
葵己《あおい》　へえ。

愛海《あみ》　香子《かおるこ》ちゃん。TO-TO《トートー》好《す》きなんだね。
香子《かおるこ》　あっ、そうそう。
愛海《あみ》　新曲《しんきょく》の「木更津《きさらづ》ドライブイン」聞《き》いた？
香子《かおるこ》　聞《き》いた聞《き》いた！
愛海《あみ》　めっちゃいい曲《きょく》だよね。なんで直《なお》ちゃん推《お》しなの？
香子《かおるこ》　えーっと。やっぱりあの男《おとこ》らしい顔《かお》かな。
愛海《あみ》　わかるわー！　メンバー一《いち》のイケメンだよね。わたしすぐイケメンに恋《こい》しちゃうのよ。香子《かおるこ》ちゃんはどんな男《おとこ》がタイプなの？
香子《かおるこ》　わたしは、匂《にお》いかな？
愛海《あみ》　匂《にお》い？
香子《かおるこ》　うん。その人《ひと》の香《かお》りでビビってきちゃうんだ。
愛海《あみ》　おもしろいね。これから一年間《いちねんかん》よろしくね。
香子《かおるこ》　よろしく。
愛海《あみ》　（桜《さくら》を見《み》て）めっちゃかわいい。
香子《かおるこ》　桜《さくら》ちゃんって女《おんな》の子《こ》ーって感《かん》じだよね？
愛海《あみ》　えっ。
香子《かおるこ》　いや、直《なお》くんと同《おな》じ出身地《しゅっしんち》ってめっちゃかわいい。
愛海《あみ》　やっぱかわいいの使《つか》い方《かた》おかしいっしょ。それにしても、男子少《だんしすく》ないよね？

香子《かおるこ》　そうだね。
希琉星《きらり》　あんためっちゃフリフリガールじゃん。
桜《さくら》　そうかな？
希琉星《きらり》　それが好《す》きなの？
桜《さくら》　うん。
希琉星《きらり》　ふーん。似合《にあ》ってないよ。
桜《さくら》　えっ。
希琉星《きらり》　なんかあんたはそういう感《かん》じじゃない感《かん》じ。わたしみたいな格好《かっこう》する？　全部《ぜんぶ》しまむら。
桜《さくら》　大丈夫《だいじょうぶ》。ありがとう。わたし、春野桜《はるのさくら》です。
希琉星《きらり》　わたし、希琉星《きらり》。（握手《あくしゅ》をしようと手《て》を伸《の》ばす）
桜《さくら》　あっ。（手《て》を出《だ》すの躊躇《ちゅうちょ》する）
希琉星《きらり》　春野桜《はるのさくら》って、名前《なまえ》めっちゃスプリングだね。中学《ちゅうがく》もこの近《ちか》く？
桜《さくら》　中学《ちゅうがく》までは福岡《ふくおか》だったの。
希琉星《きらり》　まじで！　博多《はかた》ガールじゃん！　やば！　わざわざここに引《ひ》っ越《こ》してきたの？　親《おや》の仕事《しごと》かなんか？
桜《さくら》　うん、まあね。よろしく。
希琉星《きらり》　よろぴこー。（るいに向《む》かって）なんかあんたイケメンなのに全然《ぜんぜん》ドキドキしないねー。まじやベー！
るい　そう。どうも。
希琉星《きらり》　クール！　冷《ひ》え冷《ひ》えだわ。あんた名前《なまえ》は？
るい　るい。
希琉星《きらり》　あたし希琉星《きらり》。よろぴこ。

るい　よろしく。
希琉星《きらり》　なんかこのクラスおもろくない？
るい　なんで？
希琉星《きらり》　うーん。なんていうかな、異質《いしつ》なやつがいっぱいいって感《かん》じ。
るい　そうかな。
希琉星《きらり》　あんたも結構《けっこう》異質《いしつ》だけどね。ははは。

みんなが喋《しゃべ》っている中暗転《なかあんてん》していく。
明《あ》かりが戻《もど》ってくると、桜《さくら》の部屋《へや》。

●上手桜、下手香子。

桜《さくら》　（バットを振《ふ》る音《おと》。明転《めいてん》。自分《じぶん》の手《て》を見《み》る。バットを取《と》って、素振《すぶ》りを始《はじ》める。ラインの音《おと》）G組《くみ》グループライン。バレないようにしなきゃ。（自分《じぶん》の手《て》を見《み》る。電話《でんわ》が鳴《な》って出《で》る。福岡弁《ふくおかべん》になる）お母《かあ》さん。どげんしたと？　うん。学校《がっこう》うまくいっとるよ。友達《ともだち》もできそうやけん。うん。ちゃんと食《た》べようけん心配《しんぱい》せんでな。うん。うん。お父《とう》さん元気《げんき》しとる？　ごめんな。勝手《かって》にこっちの学校《がっこう》に進学《しんがく》決《き》めて。
香子《かおるこ》　（TO-TO《トートー》グッズを投《な》げ捨《す》てて）疲《つか》れた。愛海《あみ》ちゃん、話《はな》しやすいな。やっぱカウンセラーの子供《こども》だからかな。血筋《ちすじ》？　ぽろっと相談《そうだん》しちゃいそう。……ダメダメ。（ラインの音《おと》）クラスのグループか。（参加《さんか》ボタンを押《お》す）あっ。桜《さくら》ちゃん入《はい》ってきた。やべーかわいい。個人的《こじんてき》に送《おく》ってみようかな。いや、まだ全然話《ぜんぜんはな》してもないのに、キモいか。（プロフィール写真《しゃしん》を見《み》て）やべー。かわいい。

暗《くら》くなっていく。

舞台《ぶたい》に「5月《がつ》」という文字《もじ》。教室《きょうしつ》。

二場　隠《かく》し事《ごと》

佐藤《さとう》　みんな、ゴールデンウィークはどうだったかな？　シュガタロ先生《せんせい》は山登《やまのぼ》りしました。ちょっと遭難《そうなん》しました。死《し》にかけました。でも、今《いま》ここにいる。みんなに会《あ》いたかったから。

全員《ぜんいん》　……。

佐藤《さとう》　ゴールデンウィーク中《ちゅう》に、何《なに》か悩《なや》み浮《う》かんじゃった人《ひと》は、いつでもシュガタロに相談《そうだん》してな。待《ま》ってる。

希琉星《きらり》　佐藤先生《さとうせんせい》。シュガタロって何《なに》？

佐藤《さとう》　先生《せんせい》の呼《よ》び名《な》。

希琉星《きらり》　佐藤太郎《さとうたろう》。シュガタロ。やっべ！　うける！　呼《よ》ぶわ！　めっちゃ呼《よ》ぶわ！

佐藤《さとう》　ありがとう。ところで今日《きょう》はみんなにサプライズがあります。なんと転校《てんこう》生《せい》がいます！　それも男子《だんし》でーす！

愛海《あみ》　イエーイ！　あれ？　みんなうれしくないの？（香子《かおるこ》が無理《むり》やりテンション上《あ》げて）

香子《かおるこ》　イエ――――イ！　男子《だんし》!!

佐藤《さとう》　じゃあ紹介《しょうかい》するな。大地《だいち》、入《はい》って。

大地《だいち》　（クラスに入《はい》ってくる）こんちわ。いや、こんちわっていうかおはよう。16歳《さい》でこちらの高校《こうこう》に引《ひ》っ越《こ》してきました。東京《とうきょう》のど真《ま》ん中《なか》、ガチ真《ま》ん中《なか》から来《き》たんでぇー。ちょっとウザくてチャラいと思《おも》うけど、許《ゆる》してちょうだいぶつ、デカすぎてインパクト大地《だいち》！　名前《なまえ》は川野大地《かわのだいち》。誕生日《たんじょうび》は7月《がつ》7日《か》で、七夕《たなばた》とかぶってるー。キラキラー。で、趣味《しゅみ》は空手《からて》です。じゃ、よろしくー。

全員《ぜんいん》　……。

香子《かおるこ》　愛海《あみ》ちゃん、あの子《こ》やばいね。。

愛海《あみ》　めっちゃイケメン。好《す》き。めっちゃイケメンじゃん！　香子《かおるこ》ちゃんそう思《おも》うでしょ？

香子《かおるこ》　そそそうだね！

佐藤《さとう》　大地《だいち》よろしくな。

大地《だいち》　スポポポーン！　よろしく！

佐藤《さとう》　では、早速《さっそく》ですが、席替《せきが》えします！　みんな、ここから引《ひ》いて。
(みんながくじを引《ひ》いて、席《せき》に着《つ》く)　よし授業《じゅぎょう》始《はじ》めるぞ。

佐藤先生《さとうせんせい》が授業《じゅぎょう》を始《はじ》める。

杏子《あんず》　隣《となり》になったね。よろしく。

葵己《あおい》　コップンカー。

大地《だいち》　スポポポーン！　よろしくっす!!

愛海《あみ》　よ、よ、よろしくお願《ねが》いします！

希琉星《きらり》　(スマホを持《も》ちながら)　いえーい。なんとゴールデンウィーク開《あ》け早速《さっそく》の席《せき》替《が》えっす。そして、隣《となり》はこの子《こ》！　めいちゃんです！

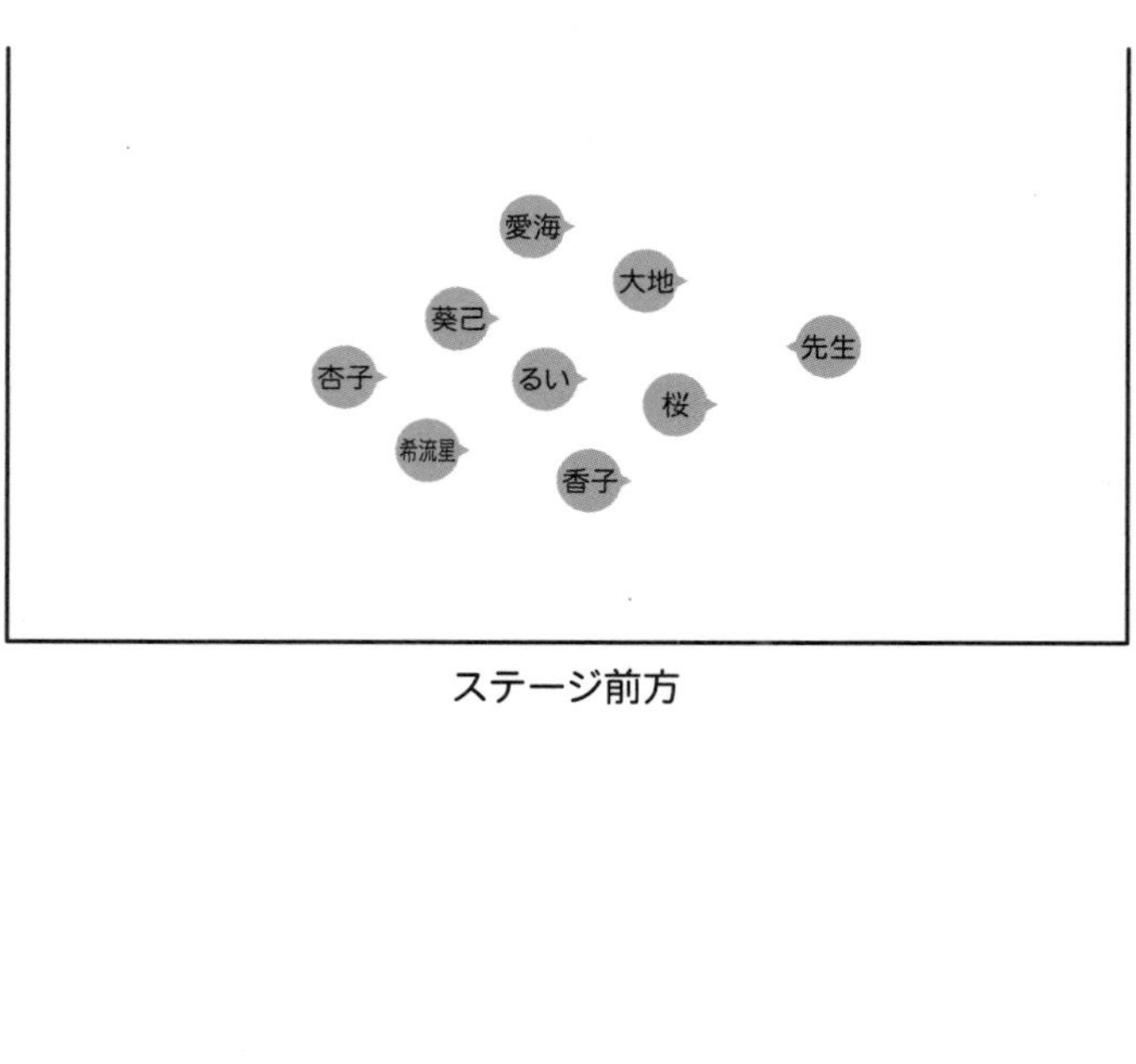

ステージ前方

るい　るいね。よろしく。

桜《さくら》　よろしくね。香子《かおるこ》ちゃん。

香子《かおるこ》　う、う、うん。よろしくね。（匂《にお》いを嗅《か》いで、失神《しっしん》しかける）

桜《さくら》　大丈夫《だいじょうぶ》？

香子《かおるこ》　だ、大丈夫《だいじょうぶ》！　気《き》にしないで。

桜《さくら》　体調悪《たいちょうわる》い？

香子《かおるこ》　めっちゃ元気《げんき》！（自分《じぶん》が元気《げんき》なことを表現《ひょうげん》する）朝《あさ》もご飯《はん》３杯《はい》いっちゃったもん。

筆箱《ふでばこ》を落《お》としてしまう。香子《かおるこ》が拾《ひろ》おうとする、桜《さくら》も拾《ひろ》おうとすると二人《ふたり》が近《ちか》づく。香子《かおるこ》が桜《さくら》の首筋《くびすじ》の匂《にお》いを嗅《か》ぐ。その瞬間《しゅんかん》、周《まわ》りが止《と》まり香子《かおるこ》の世界《せかい》。

香子《かおるこ》　好《す》きだ――!!!　わたし、桜《さくら》ちゃんが、好《す》きだ――!!

世界《せかい》が戻《もど》る。手《て》が触《ふ》れ合《あ》って桜《さくら》が離《はな》す。

桜《さくら》　大丈夫《だいじょうぶ》？

香子《かおるこ》　あなたが好《す》き。えっ。いや、あなたのそのリボン好《す》きよ。かわいい。

桜《さくら》　香子《かおるこ》ちゃん。

香子《かおるこ》　何《なに》？

桜《さくら》　鼻血《はなぢ》。

香子《かおるこ》　やばっ。

桜《さくら》　大丈夫《だいじょうぶ》？
佐藤《さとう》　香子《かおるこ》。どうした大丈夫《だいじょうぶ》か？　桜《さくら》、保健室《ほけんしつ》連れて行《い》ってやれ。
香子《かおるこ》　いや、大丈夫《だいじょうぶ》です。自分《じぶん》で行《い》きますから。

香子《かおるこ》が走《はし》り去《さ》る。
保健室《ほけんしつ》。

香子《かおるこ》　やっちゃったなあ。めっちゃ恥《は》ずかしいところ見《み》せちゃったな。（保健室《ほけんしつ》に入《はい》る）あのう、すみません。鼻血出《はなぢで》ちゃって。

保健《ほけん》の川口彩花先生《かわぐちあやかせんせい》が登場《とうじょう》。

川口《かわぐち》　ん？　新入生《しんにゅうせい》？
香子《かおるこ》　はい。1年G組《ねんくみ》の七瀬香子《ななせかおるこ》です。
川口《かわぐち》　川口《かわぐち》です。あら、鼻血《はなぢ》ブーしたの？
香子《かおるこ》　はい。
川口《かわぐち》　興奮《こうふん》しちゃった？
香子《かおるこ》　あ、まあ。
川口《かわぐち》　恋《こい》かな？
香子《かおるこ》　いや、そんなこと……。
川口《かわぐち》　恥《は》ずかしがることじゃない。恋《こい》は青春《せいしゅん》なんだから。
香子《かおるこ》　はあ。
川口《かわぐち》　ちょっと休《やす》んでいったら？（二人《ふたり》がはける）

●香子が保健室に行くシーンは、他の子たちは静止して、舞台前でやる。

チャイムが鳴《な》りみんなが帰《かえ》って行《い》く。放課後《ほうかご》。舞台《ぶたい》には愛海《あみ》と大地《だいち》。

愛海《あみ》　大地《だいち》くん。
大地《だいち》　スポポポーン！　愛海《あみ》ちゃん、なんだい？
愛海《あみ》　あの……あなたが好《す》きです！
大地《だいち》　えっ。
愛海《あみ》　一目見《ひとめみ》た時《とき》から、恋《こい》しちゃいました。良《よ》かったら、わたしと付《つ》き合《あ》ってください。
大地《だいち》　えーっと。（動揺《どうよう》して、女《おんな》っぽい仕草《しぐさ》が出《で》てしまう）転校初日《てんこうしょにち》にいきなりでおかしいって思《おも》うかもしれないけど、でも、この気《き》持《も》ちは抑《おさ》えられません。
愛海《あみ》　いいぜ！　スポポポーン！　君《きみ》とぼくはこれからカップルだ！
大地《だいち》　本当《ほんとう》!?
愛海《あみ》　もちろん！　俺《おれ》、チャラ男《お》のイケイケなんで、女《おんな》の子大好《こだいす》き！　よろしく。
大地《だいち》　うん！　じゃあ早速《さっそく》、週末《しゅうまつ》デートしよ！　大地《だいち》くん東京《とうきょう》から来《き》たんでしょ。連《つ》れて行《い》ってよ。
愛海《あみ》　いや、俺《おれ》の町《まち》、東京《とうきょう》はまた今度《こんど》にして、この町《まち》でデートしようよ。
大地《だいち》　えっ。ジャスコと海《うみ》ぐらいしかないよ。
愛海《あみ》　ジャスコ最高《さいこう》!!
大地《だいち》　お、オッケー。
愛海《あみ》　じゃ、おれ用事《ようじ》があるから、先帰《さきかえ》るね。（はける）
大地《だいち》　……やったー！　イケメンゲットだぜ!!!
愛海《あみ》

桜《さくら》が入《はい》ってくる。

愛海《あみ》　桜《さくら》ちゃん。
桜《さくら》　愛海《あみ》ちゃん。
愛海《あみ》　どうしたの？
桜《さくら》　ちょっと忘《わす》れ物《もの》しちゃって。
愛海《あみ》　そうなんだ。……わたし、大地《だいち》くんと付《つ》き合《あ》うことになったの！
桜《さくら》　そうなの？
愛海《あみ》　かれぴできちゃった！
桜《さくら》　おめでとう。

香子《かおるこ》が入《はい》ってくる。

愛海《あみ》　香子《かおるこ》ちゃん！　大丈夫《だいじょうぶ》？
香子《かおるこ》　うん。起《お》きたらもう放課後《ほうかご》だった。
桜《さくら》　香子《かおるこ》ちゃん。
香子《かおるこ》　桜《さくら》ちゃん！
桜《さくら》　大丈夫《だいじょうぶ》？（桜《さくら》の香《かお》りを嗅《か》がないように微妙《びみょう》な距離《きょり》を保《たも》つ）
愛海《あみ》　あのね、わたしかれぴできたの！
香子《かおるこ》　だれ？
愛海《あみ》　大地《だいち》くん。今《いま》、告《こく》ったらオーケーもらっちゃった。
香子《かおるこ》　おめでとう。
愛海《あみ》　二人《ふたり》ともごめんね。クラスの少《すく》ないイケメン奪《うば》っちゃって。
二人《ふたり》　（興味《きょうみ》がない風《ふう》に）全然《ぜんぜん》いいよ。

愛海《あみ》　えっ。愛海《あみ》ちゃん、大地《だいち》くん超《ちょう》イケメンって言《い》ってたじゃん。
香子《かおるこ》　あ、あの……ちくしょー悔《くや》しいわあ。
愛海《あみ》　ごめんねー。でも、二人《ふたり》も恋《こい》しなよ！　青春《せいしゅん》はあっという間《ま》に過《す》ぎちゃうからね。
香子《かおるこ》&桜《さくら》　そうだね。
愛海《あみ》　じゃあ、わたし、デートのために早《はや》く帰《かえ》って準備《じゅんび》しなきゃ！　じゃあね。
（はける）

舞台《ぶたい》に二人《ふたり》だけになって、暗転《あんてん》。
「次《つぎ》の週《しゅう》」と書《か》かれている。
明転《めいてん》。教室《きょうしつ》。クラスには全員《ぜんいん》いる。

●イメージは休み時間なので、椅子に座ってる子もいれば、立ってる子もいる。みんなそれぞれが会話をしてるシーンなので、セリフ部分じゃないところも会話してる芝居をする。

香子《かおるこ》　愛海《あみ》ちゃん。デートどうだった？
愛海《あみ》　うん！　楽《たの》しかったよ。大地《だいち》くんって意外《いがい》とかわいいとこあってさ、化粧品《けしょうひん》とか女《おんな》の子《こ》のブランドに詳《くわ》しかったりしてさ。
香子《かおるこ》　意外《いがい》だね。
愛海《あみ》　家《いえ》が空手道場《からてどうじょう》だから、もっとゴリゴリの男《おとこ》って感《かん》じかと思《おも》ったら、フライドポテト食《た》べる時《とき》小指《こゆび》立《た》っててて、ウケた。
香子《かおるこ》　へえ。
愛海《あみ》　香子《かおるこ》ちゃんは週末《しゅうまつ》何《なに》してたの？
香子《かおるこ》　いや、別《べつ》に大《たい》したことはしてない。（タイ語《ご》の会話《かいわ》が聞《き》こえてくる）
葵己《あおい》　サワディータンチャーン（おはよう）
杏子《あんず》　タンテヌニャンニーヤン（パーティー以来《いらい》だね）

葵己《あおい》　マンテンチャンムンマーククワァイングクワーマンスナンワセアン（すごい楽《たの》しかった）
杏子《あんず》　カンワンティーマン（来《き》てくれてありがとう）
葵己《あおい》　ナンハンダローイ（料理美味《りょうりおい》しかった）
杏子《あんず》　アライアライティーソッド（何《なに》が一番美味《いちばんおい》しかった？）
葵己《あおい》　ケンチュンラーンネイカムカーハーチィング（グリーンカレー！　お母《かあ》さん料理上手《りょうりじょうず》だね！）
杏子《あんず》　チャパーアンハンターイ（タイ料理《りょうり》だけね）
葵己《あおい》　クラックルンコンクンテンプヌフニー（家族仲良《かぞくなかよ》いよね～）
杏子《あんず》　ナーイチャンクラックメンコーコンヌンウェイ（うん。パパもママも大好《だいす》き！）
葵己《あおい》　ニーケンナーイ（いいね！）

二人《ふたり》はすごく通《つう》じ合《あ》っている。

愛海《あみ》＆香子《かおるこ》　すっご。
希琉星《きらり》　るいちゅーん。週末何《しゅうまつなに》してたの？
るい　レッスン。
希琉星《きらり》　レッスン？
るい　ダンス、ヴォイス、ピアノ。
希琉星《きらり》　やっぱ。毎週《まいしゅう》末《まつ》やってるの？
るい　いや、毎日《まいにち》。
希琉星《きらり》　鬼《おに》。

るい　一日《いちにち》でもやらないと鈍《にぶ》っちゃうから。
希琉星《きらり》　わたし、お菓子《かし》ばっか食《く》ってるから、めっちゃ鈍《にぶ》ってるよ。
るい　良《い》いんじゃない。やりたいことをやれば。
希琉星《きらり》　まあねー。

大地《だいち》が愛海《あみ》に話《はな》しかける。

大地《だいち》　愛海《あみ》ちゃん。ちょっといい？
愛海《あみ》　うん。もちろん。
香子《かおるこ》　ヒューヒュー。

愛海《あみ》と大地《だいち》がはける。
佐藤先生《さとうせんせい》が入《はい》ってくる。

佐藤《さとう》　はーい。授業始《じゅぎょうはじ》めるぞー！　あ、そうだ。みんな明日《あす》の球技大会《きゅうぎたいかい》、絶対《ぜったい》に優勝《ゆうしょう》するぞ！　せーの（一人《ひとり》で）「チームワーク！」
全員《ぜんいん》　……。

愛海《あみ》と大地《だいち》が舞台前《ぶたいまえ》に登場《とうじょう》。他《ほか》のキャストは止《と》まっている。

大地《だいち》　ごめんなさい！
愛海《あみ》　えっ。何《なに》？
大地《だいち》　俺《おれ》たち、やっぱり付《つ》き合《あ》えないよ。
愛海《あみ》　なんで？　わたしなんか悪《わる》いことした？

大地《だいち》　いや、愛海《あみ》ちゃんは何《なに》も悪《わる》くないんだ。俺《おれ》のせいだから。
愛海《あみ》　そんな。
大地《だいち》　これ以上嘘《いじょううそ》つくことできないよ。
愛海《あみ》　嘘《うそ》？　どういう意味《いみ》？
大地《だいち》　愛海《あみ》ちゃん、すごくいい子《こ》だし、なんでも話《はな》せる。
愛海《あみ》　じゃあ言《い》ってよ！　わたしなんでも話聞《はなしき》くからさ。
大地《だいち》　でも俺《おれ》、言《い》ったら嫌《きら》われちゃうかも。
愛海《あみ》　そんなことないから。
大地《だいち》　（決心《けっしん》して）……わたし、本当《ほんとう》はチャラ男《お》でもなんでもないんだ。
愛海《あみ》　どういうこと？
大地《だいち》　実《じつ》は、わたし、女《おんな》なの。
愛海《あみ》　え?!
大地《だいち》　正確《せいかく》に言《い》うと、体《からだ》は男《おとこ》だけど、心《こころ》が女《おんな》なの。
愛海《あみ》　えええええ！
大地《だいち》　本当《ほんとう》はフリフリの服《ふく》が好《す》きだし、お化粧《けしょう》もしたい。
愛海《あみ》　……。
大地《だいち》　自分《じぶん》に嘘《うそ》をついたまま、人《ひと》と付《つ》き合《あ》えない。それに、愛海《あみ》ちゃんにはなんか嘘《うそ》つけなくて。本当《ほんとう》にごめんなさい。
愛海《あみ》　いや、あの、大丈夫《だいじょうぶ》だよ。
大地《だいち》　でも、これはまだみんなには内緒《ないしょ》にしてほしい。親《おや》にも言《い》ってないし。初《はじ》めてカミングアウトしたの。
愛海《あみ》　わかったよ。
大地《だいち》　ありがとう。愛海《あみ》ちゃんは受《う》け止《と》めてくれるって思《おも》った。
愛海《あみ》　あ、あ、ありがとう。

大地《だいち》　じゃあ、わたし、行《い》くね。バイバイ。（はける）
愛海《あみ》　……。

川口先生《かわぐちせんせい》が入《はい》ってくる。

川口《かわぐち》　愛海《あみ》さん。
愛海《あみ》　川口先生《かわぐちせんせい》。
川口《かわぐち》　今《いま》、授業中《じゅぎょうちゅう》でしょ？　今《いま》、大地《だいち》くんがいたけど。
愛海《あみ》　……わたし、今《いま》フラれちゃって。
川口《かわぐち》　そうなんだ。それは残念《ざんねん》ね。まあ、それも恋《こい》よ。
愛海《あみ》　はい。
川口《かわぐち》　先生《せんせい》は話《はなし》を聞《き》くことぐらいしかできないけど。
愛海《あみ》　実《じつ》は、いや、なんでもないです。
川口《かわぐち》　そうか。でも、愛海《あみ》さん。
愛海《あみ》　はい。
川口《かわぐち》　一《ひと》つの恋《こい》の終着点《しゅうちゃくてん》は、新《あたら》しい恋《こい》の出発点《しゅっぱつてん》だから。
愛海《あみ》　……はい？
川口《かわぐち》　次《つぎ》の出発《しゅっぱつ》には時間《じかん》がかかるかもしれない。でも、目《め》の前《まえ》にはちゃんと線路《せんろ》があるから。焦《あせ》らずにね。
愛海《あみ》　ありがとうございます。（二人《ふたり》がはける）

「3日後、球技大会《きゅうぎたいかい》」という文字《もじ》。音楽《おんがく》と共《とも》にドッチボール大会《たいかい》の動《うご》き。
セリフなしで、動《うご》きでドッチボールをやっている。
桜《さくら》がすごい投球《とうきゅう》をする。みんなびっくりする。桜《さくら》が気《き》づいてごまかす。
愛海《あみ》に来《き》たボールをるいがキャッチ。愛海《あみ》がドキッとしてぼーっとしてる。もう一度《いちど》愛海《あみ》にボールが来《き》て当《あ》たって倒《たお》れる。るいが保健室《ほけんしつ》まで運《はこ》ぶ。

るい　愛海《あみ》。大丈夫《だいじょうぶ》かい？
愛海《あみ》　は、はい。
るい　本当《ほんとう》に？　なんか顔《かお》も赤《あか》いけど、熱《ねつ》もあるんじゃない？（愛海《あみ》のおでこに手《て》を置《お》く）
愛海《あみ》　ぽっぽー!!（機関車《きかんしゃ》の汽笛《きてき》の音《おと》）
るい　熱《ねつ》はないみたいだね。
愛海《あみ》　はい。
るい　少《すこ》し休《やす》んでいるといいと思《おも》うよ。
愛海《あみ》　はい。
るい　じゃあ、ぼくは戻《もど》るね。

るいがはけようとすると愛海《あみ》がるいを止《と》める。

るい　どうしたの？
愛海《あみ》　あなたが好《す》きです。

- みんな前を向いて、相手が観客側にいることをイメージしてドッチボールをやる、効果音で投げる・キャッチするを入れるとよい。愛海にボールが当たる時はスローモーションで表現。
- るいが愛海を保健室に運ぶが、実際は舞台前に移動して、ほかのメンバーがいなくなる。

るい　えっ。
愛海《あみ》　わたしの恋《こい》が出発進行《しゅっぱつしんこう》。ぽー！
るい　何言《なにい》ってるの？
愛海《あみ》　あなたが好《す》きです。付《つ》き合《あ》ってください。
るい　でも、君《きみ》は大地《だいち》くんと……。
愛海《あみ》　フラれました。だから、次《つぎ》はあなたと。
るい　本気《ほんき》で言《い》ってるの？
愛海《あみ》　はい。遠《とお》くまで行《い》きましょう。
るい　……君《きみ》はぼくのこと何《なに》も知《し》らないよ。
愛海《あみ》　だから、これから知《し》っていきましょう。
るい　……わかった。

るいは愛海《あみ》の方《ほう》を向《む》いて、パーカーを脱《ぬ》ぐ。

愛海《あみ》　えっ。そんなこんなところで。
るい　これがぼくだよ。（観客《かんきゃく》に背《せ》を向《む》けてシャツを開《あ》ける。観客《かんきゃく》には見《み》えない）
愛海《あみ》　えっ。……女《おんな》の子《こ》？
るい　そうだよ。でも、ぼくは自分《じぶん》を男《おとこ》だと思《おも》っているけどね。
愛海《あみ》　わたしたち全員《ぜんいん》、るいくんのこと「男《おとこ》の子《こ》」だと。
るい　ぼくもびっくり。だれも気《き》づかないんだもん。……これでもぼくと付《つ》き合《あ》いたいかい？
愛海《あみ》　えっ、あの。（答《こた》えられない）
るい　だよね。こういう反応《はんのう》になることはわかっていたよ。でも、なんだろうね。君《きみ》は、なぜか君《きみ》には本当《ほんとう》のぼくを見《み》せてもいいかなって思《おも》っちゃった。ク

ラスのみんなに言《い》ってもいいよ。別《べっ》に怒《おこ》らないから。じゃあ、戻《もど》るね。（はける）

一人《ひとり》ぼっちの愛海《あみ》。

愛海《あみ》　……マジかー!!　連続《れんぞく》でこんなことある？　いやいや、ないっしょ！　えぇ！　マジかー!!!!

ゆっくり暗転《あんてん》。

三場　本当《ほんとう》の自分《じぶん》

「8月《がつ》 夏休《なつやす》み」の文字《もじ》。
明《あ》かりがつくと、それぞれの夏休《なつやす》みの風景《ふうけい》。
タイカレー屋《や》さん。

杏子《あんず》　めっちゃうま！
葵己《あおい》　おいしいよね。
杏子《あんず》　グリーンカレーとマンゴーラッシーとのコンビネーション最高《さいこう》。
葵己《あおい》　そういえば、今日《きょう》お父《とう》さん帰《かえ》ってくるんでしょ？
杏子《あんず》　そうなの。久《ひさ》しぶりに家族揃《かぞくそろ》うから超楽《ちょうたの》しみなんだ。
葵己《あおい》　いいね。
杏子《あんず》　そうだ。明日《あした》、タイカレーパーティーやるからうちに遊《あそ》びに来《き》なよ！
葵己《あおい》　いいの？

●夏休みのシーンは初演では映像を出した。短い映画みたいなもの。難しいようなら、実際に舞台で表現するでも良い。
●杏子と葵己上手。

杏子《あんず》　パパもママもまた葵己《あおい》に会《あ》いたいって言《い》ってたんだよ。
葵己《あおい》　嬉《うれ》しい。じゃあ明日《あした》お邪魔《じゃま》しようかな。
杏子《あんず》　うん！　よし、じゃあ今日《きょう》もタイ語《ご》レッスン始《はじ》めよ！（二人《ふたり》はける）

スタジオ。

●るい上手奥、大地下手奥登場。それぞれが動きをやっている。

るい　（ダンスの自主練《じしゅれん》をしている）

大地《だいち》の部屋《へや》。

大地《だいち》　（女性《じょせい》の服《ふく》を合《あ》わせている）

香子《かおるこ》の部屋《へや》。
携帯《けいたい》で桜《さくら》の写真《しゃしん》を見《み》ながら、

●香子上手前、桜下手前登場。

香子《かおるこ》　桜《さくら》ちゃん。可愛《かわい》いなあ。ラインも交換《こうかん》して、連絡普通《れんらくふつう》に取《と》り合《あ》えてるし、変《へん》な感《かん》じには見《み》えてないよね。ラインしてみようかな。うーん。どうしよ？

桜《さくら》の部屋《へや》。
バットを振《ふ》っている。ラインが来《く》る。

●ラインの音にるい、大地、香子も反応。

桜《さくら》　（携帯《けいたい》を見《み》る）希琉星《きらり》ちゃんからだ。新《あたら》しい動画《どうが》できたんでチェックよろぴこー。

希琉星《きらり》のYouTube 動画《どうが》（全員《ぜんいん》が希琉星《きらり》の動画《どうが》を見《み》る）

●希琉星が舞台中央に登場。

希琉星《きらり》　どうも。希琉星《きらり》でーす！　今日《きょう》はみんなに紹介《しょうかい》したい本《ほん》がありまーす！　それがこれ！　岡本太郎《おかもとたろう》！　なんか、このおじさんすんげーこといっぱい言《い》ってんのよ！　全然《ぜんぜん》このおじさんのこと知《し》らねーけどね。タイトルが「壁《かべ》を破《やぶ》る言葉《ことば》」うさんくせー！　じゃあ早速《さっそく》。（本《ほん》を開《ひら》く）「壁《かべ》は自分自《じぶんじ》身《しん》だ」。ちょっとまって、本《ほん》のタイトルが「壁《かべ》を破《やぶ》る言葉《ことば》」でしょ。わたしをぶっ壊《こわ》すってこと？　……死《し》んじゃう!!　やべー！　岡本太郎《おかもとたろう》やべー。

●『壁を破る言葉』岡本太郎（イースト・プレス）

桜《さくら》と香子《かおるこ》と大地《だいち》とるい　壁《かべ》は自分自身《じぶんじしん》だ。

●全員がはけて、葵己が上手登場。杏子は下手登場。

葵己《あおい》　今日《きょう》も楽《たの》しかったな。まさか高校《こうこう》入《はい》ってすぐにこんな素敵《すてき》な友達《ともだち》ができるなんて、、（ラインの音《おと》）あっ。杏子《あんず》ちゃんからだ。「葵己《あおい》。今日《きょう》も楽《たの》しかったね。マジ葵己《あおい》に会《あ》えてよかったわ。葵己《あおい》にはなんでも相談《そうだん》できるし、話《はな》せるよ！　最高《さいこう》の友達《ともだち》!!」なんでも話《はな》せるか……。わたしなんでも話《はな》してるかな？

杏子《あんず》の家《いえ》。

杏子《あんず》　（ドアを開《あ》けて）ただいま。（父《ちち》の靴《くつ》を発見《はっけん》）お父《とう》さん帰《かえ》って来《き》てる！　お父《とう》さんおかえり！……（お母《かあ》さんが泣《な》いてる）あれ、どうしたの？　お母《かあ》さんなんで泣《な》いてるの？　……お父《とう》さん、この人《ひと》だれ？（下手《しもて》へはける）

葵己《あおい》　よし。杏子《あんず》ちゃんに伝《つた》えよう。（ラインで文章《ぶんしょう》を考《かんが》える）「実《じつ》はね、杏子《あんず》ちやんに話《はな》しておきたいことがあるんだ、」（ラインが来《く》る）「ごめん。葵己《あおい》。明日《あす》のタイカレーパーティーなしになっちゃった。お母《かあ》さんが体調崩《たいちょうくず》しちゃって。ごめんね。」（書《か》いた文章《ぶんしょう》を消《け》して）「それは大変《たいへん》だね。じゃあ、また今度《こんど》ね。ご家族《かぞく》によろしく。」（上手《かみて》にはける）

雨《あめ》が降《ふ》る。杏子《あんず》が上手《かみて》から登場《とうじょう》し、うずくまる。

愛海《あみ》　ああ、バイトで遅《おそ》くなっちゃったあ。

愛海《あみ》が上手《かみて》から登場《とうじょう》する。雨《あめ》の中《なか》、傘《かさ》もささないで、うずくまっている杏子《あんず》を発見《はっけん》。

愛海《あみ》　杏子《あんず》ちゃん？

杏子《あんず》　愛海《あみ》ちゃん。

愛海《あみ》　こんなところで何《なに》してるの？

杏子《あんず》　わたし、わたし、（泣《な》いてしまう）

愛海《あみ》　大丈夫《だいじょうぶ》？　落《お》ち着《つ》いて。どうしたの？

杏子《あんず》　お父《とう》さんとお母《かあ》さんが離婚《りこん》するの。

愛海《あみ》　あんなに家族仲良《かぞくなかよ》かったのに？

杏子《あんず》　おとうさんゲイだったの。

愛海《あみ》　えっマジで！

杏子《あんず》　タイ人《じん》の彼氏《かれし》連《つ》れて帰《かえ》って来《き》て、これからこの人《ひと》と一緒《いっしょ》になるからって。

愛海《あみ》　ひどいよ。本当《ほんとう》にひどいよ。

愛海《あみ》　マジか。こんなところにいたら風邪《かぜ》ひいちゃうよ。行《い》こう。

杏子《あんず》　うん。（二人《ふたり》はける）

「9月《がつ》」の文字《もじ》。チャイム。
明転《めいてん》すると川口先生《かわぐちせんせい》と生徒《せいと》たちがいる。

佐藤《さとう》　はい。みんなおはようございます。今日《きょう》は年《ねん》に一回《いっかい》の特別授業《とくべつじゅぎょう》の日《ひ》です。川口先生《かわぐちせんせい》お願《ねが》いします。

川口《かわぐち》　はい。みんなおはようございます。今年《ことし》の特別授業《とくべつじゅぎょう》のテーマは「LGBTQ」セクシャルマイノリティーについてです。

みんながビクッとする。

希琉星《きらり》　先生《せんせい》。それなんすか？

川口《かわぐち》　LGBTQって聞《き》いたことある？　多《おお》くの人《ひと》はセクシャリティにおいて、身体《からだ》と心《こころ》の性《せい》が一致《いっち》し、異性《いせい》を恋愛対象《れんあいたいしょう》とする人《ひと》たちが多数《たすう》です。男性《だんせい》が女性《じょせい》を好《す》きになる、女性《じょせい》が男性《だんせい》を好《す》きになるみたいなね。だけど、同性《どうせい》を好《す》きになる人《ひと》、両方《りょうほう》を好《す》きになる人《ひと》、いずれも好《す》きにならない人《ひと》、また、身体《からだ》と心《こころ》の性《せい》が一致《いっち》していないような感覚《かんかく》や違和感《いわかん》を抱《いだ》きながら日々《ひび》の生《せい》活《かつ》を送《おく》っている人《ひと》もいます。そのような人《ひと》たちは、少数者《しょうすうしゃ》ということでセクシュアルマイノリティ（性的少数者《せいてきしょうすうしゃ》）とされ、セクシャルマイノリティの代表的《だいひょうてき》な呼《よ》び方《かた》として、LGBTやLGBTQといった言葉《ことば》があります。

希琉星《きらり》　なるほどねーん。

川口《かわぐち》　日本《にほん》は世界《せかい》に比《くら》べると、LGBTQ人口《じんこう》は多《おお》い方《ほう》なんだよ。最近《さいきん》の調査《ちょうさ》だと、20歳《さい》～69歳《さい》の約《やく》35万人《まんにん》に調査《ちょうさ》した結果《けっか》。５％～８％が性的《せいてき》マイノリティーの方《かた》だったの。

葵己《あおい》・桜《さくら》・香子《かおるこ》・大地《だいち》　そんなにいるの!?

愛海《あみ》　そんなもんしかいないの？

川口《かわぐち》　（同時《どうじ》に）（みんなが見《み》る）えっ。あっ。いや。カミングアウトできない人《ひと》も入《い》れたらもっといるかもね。だから正確《せいかく》な数《すう》字《じ》を出《だ》すのは難《むずか》しいんだけどね。少《すこ》しずつ、特《とく》に若《わか》い子《こ》たちの間《あいだ》では、理《り》解《かい》されてきているみたい、でもまだ言《い》えない人《ひと》たちは多《おお》いんだよね。気持《きも》ち悪《わる》いと思《おも》われたら、違《ちが》う人間《にんげん》として見《み》られたらって。親《おや》にも友達《ともだち》にも言《い》えないでいる人《ひと》はまだたくさんいる。……ところで、実《じつ》はわたし、レズビアンなんです。

クラスがざわつく。

川口《かわぐち》　最初《さいしょ》に好《す》きになった人《ひと》は、中学《ちゅうがく》の一個上《いっこうえ》の女性《じょせい》の先輩《せんぱい》でした。でも、学生《がくせい》の頃《ころ》のわたしは、まだ好《す》きな気持《きも》ちを伝《つた》える勇気《ゆうき》はなかった。怖《こわ》かったんだ。でも、今《いま》は素敵《すてき》なパートナーもいるよ。親《おや》にも伝《つた》えました。

桜《さくら》　先生《せんせい》は、なんでカミングアウトできたんですか？

川口《かわぐち》　出会《であ》いかな。その出会《であ》いに素直《すなお》になってみたの。みんなもそんな繋《つな》がりを大事《だいじ》にしてね。では、これで特別授業《とくべつじゅぎょう》を終《お》わります。（はける）

佐藤先生《さとうせんせい》が凹《へこ》んでいる。

愛海《あみ》　佐藤先生《さとうせんせい》どうしたんですか？

佐藤《さとう》　俺《おれ》……川口先生《かわぐちせんせい》狙《ねら》ってたのにー!!　畜生《ちくしょう》！

みんな（葵己《あおい》と杏子《あんず》以外《いがい》）が佐藤先生《さとうせんせい》をなぐさめる。

葵己《あおい》　杏子《あんず》ちゃん。今日《きょう》、放課後話《ほうかごはな》せる？

杏子《あんず》　うん。いいよ。

暗転《あんてん》。
明転《めいてん》。放課後《ほうかご》。教室《きょうしつ》には葵己《あおい》。桜《さくら》の体操着《たいそうぎ》が椅子《いす》に置いてある。

葵己《あおい》　よし。今日言《きょうい》おう。杏子《あんず》なら受《う》け止《と》めてくれるよ。絶対《ぜったい》。

教室《きょうしつ》のドアが開《あ》く。

葵己《あおい》　（背中《せなか》を向《む》けたまま）杏子《あんず》ちゃん。実《じつ》はわたし、隠《かく》してることがあるの。わたしね。レズビアンなの。今《いま》まで、怖《こわ》くて言《い》えなかった。でも、杏子《あんず》ちゃんなら、わかって……（振《ふ》り向《む》く）

葵己《あおい》が振《ふ》り向《む》くとそこにいるのは、愛海《あみ》。

葵己《あおい》　お前《まえ》。。
愛海《あみ》　えっ。あの、
葵己《あおい》　聞《き》いちゃったよね？
愛海《あみ》　……うん。でも、わたし、、
葵己《あおい》　お願《ねが》い！　だれにも言《い》わないで！　お願《ねが》い。（杏子《あんず》が入《はい》ってくる）
杏子《あんず》　葵己《あおい》。おまたせ。ごめん。先生《せんせい》との話《はなし》が伸《の》びちゃって、あれ、愛海《あみ》。葵己《あおい》どうしたの？

葵己《あおい》　わたし、わたし……ごめん！　急用《きゅうよう》できちゃって、あとでラインする。
（走《はし》り去《さ》っていく）

杏子《あんず》　葵己《あおい》！……どうしたんだろ？　愛海《あみ》知《し》ってる？

愛海《あみ》　えーっと。どうしたんだろうね。

杏子《あんず》　……この前《まえ》はありがとうね。

愛海《あみ》　ううん。あれからどうなった？

杏子《あんず》　パパはあのタイ人《じん》と一緒《いっしょ》に出《で》てった。……マジふざけんなよ。「もしかしたら、ぼくは昔《むかし》からそうだったのかもしれない」とか言《い》いやがってさ。本当《ほんとう》にむかつくわ。どんだけ家族《かぞく》を傷《きず》つけたのかわかってんのかよ。

愛海《あみ》　それはつらいね。

杏子《あんず》　今日《きょう》の川口先生《かわぐちせんせい》の授業《じゅぎょう》もわたしには理解《りかい》できないわ。

愛海《あみ》　でも、ほらいろんな人《ひと》がいるわけだし。

杏子《あんず》　マジでそういうのキモいわ。（はける）

愛海《あみ》　（舞台一人《ぶたいひとり》）……気《き》まず！　もう何《なに》!?　複雑《ふくざつ》すぎて頭痛《あたまいた》くなってきた。（うずくまる）

香子《かおるこ》が忘《わす》れ物《もの》を取《と》りに入《はい》ってくる。愛海《あみ》に気《き》づいてない。

香子《かおるこ》　えーっとどこだっけな？　……あった。……桜《さくら》ちゃん、今日《きょう》もかわいかったなあ。今日《きょう》も仲良《なかよ》く話《はな》しちゃったあ。うふふふ。（体操着《たいそうぎ》を見《み》る）これって、桜《さくら》ちゃんの。

何度《なんど》か躊躇《ちゅうちょ》をする。そして体操着《たいそうぎ》を嗅《か》ぐ。壮大《そうだい》な音楽《おんがく》。

香子《かおるこ》　はあ。いい匂《にお》い。桜《さくら》ちゃんのかわいい香《かお》り。……好《す》き。こうやって目《め》をつぶって（嗅《か》ぐ）抱《だ》きしめ合《あ》ってるみたい。はあ。好《す》き。この気持《きも》ち、抑《おさ》えられない。どうしよう。

ガタガタって音《おと》がする。

香子《かおるこ》　だれ!?
愛海《あみ》　ワンワン。
香子《かおるこ》　なんだ、犬《いぬ》か。……なわけないでしょ。だれ？
愛海《あみ》　……はーい。ぼく、ミッキーだよ。
香子《かおるこ》　なんだ、ミッキーか。じゃあ大丈夫《だいじょうぶ》、なわけないでしょ！　だれなの？
愛海《あみ》　（出《で》てきて。まだミッキーの声《こえ》で）やっほー。
香子《かおるこ》　愛海《あみ》！　……見《み》てたの？
愛海《あみ》　……うん。
香子《かおるこ》　どこから？
愛海《あみ》　えーっと「どこだっけなあ？」から「この気持《きも》ち、抑《おさ》えられない。どうしよう。」まで。
香子《かおるこ》　全部《ぜんぶ》じゃん。
愛海《あみ》　うん。でも、わたし、大丈夫《だいじょうぶ》。
香子《かおるこ》　だれにも言《い》わないで！　お願《ねが》い！
愛海《あみ》　うん。言《い》わないよ。
香子《かおるこ》　本当《ほんとう》？
愛海《あみ》　絶対《ぜったい》。

香子《かおるこ》　ありがとう。（去《さ》り際《ぎわ》に）本当《ほんとう》にお願《ねが》いね。（はける）
愛海《あみ》　（教室《きょうしつ》で一人《ひとり》）えええええ！

暗転《あんてん》。
明転《めいてん》。教室《きょうしつ》にみんな登校《とうこう》してくる。みんなが席《せき》に着《つ》く。佐藤先生《さとうせんせい》も入《はい》ってくる。

佐藤《さとう》　おはようございます。昨日《きのう》はやけ酒《ざけ》でした。シュガタロです。ところで、昨日《きのう》の特別授業《とくべつじゅぎょう》の感想《かんそう》をみんなから聞《き》くのを忘《わす》れてた。だれか、、
杏子《あんず》　（立《た》ち上《あ》がり）マジキモいと思《おも》います。男《おとこ》が男《おとこ》を、女《おんな》が女《おんな》をとか、マジキモいです。心《こころ》が男《おとこ》で、体《からだ》が女《おんな》。いやいやあり得《え》ないっしょ。
佐藤《さとう》　まあまあ、いろんな人《ひと》がいるわけだからさ。杏子《あんず》。ちょっと言《い》い過《す》ぎだぞ。じゃあ他《ほか》の子《こ》たちは感想《かんそう》は？
全員《ぜんいん》　……。
希琉星《きらり》　つーか、太郎《たろう》ちゃんがね。あっ（本《ほん》を見《み》せて）岡本太郎《おかもとたろう》ね。「なんでもいいから、まずやってみる。それだけなんだよ」って言《い》ってるのー。だから、あたし、昨日《きのう》からタピオカダイエット始《はじ》めてみました。目指《めざ》せ体脂肪率《たいしぼうりつ》０％。

●『壁を破る言葉』岡本太郎（イースト・プレス）

全員《ぜんいん》　……。
るい　ぼくは何《なに》がキモくて何《なに》がキモくないかわかんないけど、自分《じぶん》というニンゲンとどうやって生《い》きていくかが大事《だいじ》だと思《おも》います。だれが何《なに》を言《い》おうが、自分勝手《じぶんかって》と言《い》われようが、信《しん》じた道《みち》をまっすぐ前見《まえみ》て歩《ある》くしかないんじゃないでしょうか？
杏子《あんず》　何《なに》それ。それでたくさんの人《ひと》に迷惑《めいわく》かけようが関係《かんけい》ないってこと？

るい　自分《じぶん》を嫌《きら》いになるかもしれない大勢《おおぜい》より、自分《じぶん》のことを好《す》きになってくれる一人《ひとり》を大事《だいじ》にしたいです。

全員《ぜんいん》　……。

佐藤《さとう》　はい。じゃあ他《ほか》に感想《かんそう》ないみたいだから、授業始《じゅぎょうはじ》めるよ。今日《きょう》は歴史《れきし》からね。

みんな気《き》まずい空気《くうき》になっている。

杏子《あんず》　なんだよそれ。葵己《あおい》、昨日《きのう》の話《はなし》ってなんだったの？

葵己《あおい》　いや、大《たい》したことじゃなかったの。

杏子《あんず》　あっそう。

佐藤《さとう》　はい。歴史《れきし》の教科書《きょうかしょ》の15ページからいきます。人間《にんげん》の進化《しんか》の授業《じゅぎょう》です。ぼくら人間《にんげん》は猿人《えんじん》・原人《げんじん》・新人《しんじん》と進化《しんか》していく。新人《しんじん》は今《いま》のぼくらに一番近《いちばんちか》い人間《にんげん》だね、

愛海《あみ》　（気《き》まずさに耐《た》えられなくなって）先生《せんせい》ちょっと頭痛《あたまいた》いんで、保健室《ほけんしつ》行っていいですか？

佐藤《さとう》　おう。大丈夫《だいじょうぶ》か？

愛海《あみ》　はい。（はける）

佐藤《さとう》　授業続《じゅぎょうつづ》けるぞ。（話《はなし》がフェイドアウトしてみんな止《と》まる）

愛海《あみ》が川口先生《かわぐちせんせい》と一緒《いっしょ》に入《はい》ってくる。

川口《かわぐち》　愛海《あみ》さん。大丈夫《だいじょうぶ》？

愛海《あみ》　はい。気《き》まずいプレッシャーに耐《た》えられなくなって頭痛《ずつう》が。

川口《かわぐち》　そうか。何《なに》か悩《なや》みあるなら聞《き》くよ。
愛海《あみ》　はい。あの、いや、大丈夫《だいじょうぶ》です。
川口《かわぐち》　でも、話《はな》した方《ほう》が楽《らく》になるんじゃない？
愛海《あみ》　絶対《ぜったい》に言《い》わないでって、言《い》われているんで。
川口《かわぐち》　そうか。
愛海《あみ》　わたし、昔友達《むかしともだち》に相談《そうだん》してもらったことを喋《しゃべ》って。その子《こ》を傷《きず》つけちゃってたんです。
川口《かわぐち》　なるほどね。
愛海《あみ》　先生《せんせい》は、出会《であ》いがあったからカミングアウトできたって言《い》ってたけど、怖《こわ》くなかったんですか？
川口《かわぐち》　うん。すごく怖《こわ》かった。でも、自分《じぶん》に嘘《うそ》をついて生《い》きていくことの方《ほう》が怖《こわ》いって思《おも》ったんだよね。
愛海《あみ》　そうなんだ。
川口《かわぐち》　「若《わか》いっていうことは、無条件《むじょうけん》にすばらしいもんだ」愛海《あみ》さん。それが青《せい》春《しゅん》だね。（二人《ふたり》はける）

チャイム。教室《きょうしつ》に生徒《せいと》たちがいる。そこに愛海《あみ》が帰《かえ》ってくる。

杏子《あんず》　（るいに）さっき言《い》ったことやっぱり気《き》に食《く》わないんだけど。
るい　ぼくは自分《じぶん》の考《かんが》えを伝《つた》えただけだけど、何《なに》か？
杏子《あんず》　自分勝手《じぶんかって》すぎるでしょ。
るい　自分《じぶん》に嘘《うそ》ついて生《い》きたくないだけ。
杏子《あんず》　何《なに》それ。最低《さいてい》！　自分《じぶん》だけ幸《しあわ》せなら、他《ほか》の家族《かぞく》のみんなが傷《きず》ついてもいいっての!?　本当《ほんとう》に最低《さいてい》!!

葵己《あおい》　杏子《あんず》ちゃん言《い》い過《す》ぎだよ。

るいが立《た》ち上《あ》がる。杏子《あんず》の手《て》を取《と》って自分《じぶん》の胸《むね》に手《て》をあてる。

るい　これがぼくです。

杏子《あんず》　……女《おんな》の子《こ》なの？

るい　生物学上《せいぶつがくじょう》はね。でも、ぼくは男《おとこ》だ。周《まわ》りはぼくのこと「女《おんな》の子《こ》なのに活発《かっぱつ》だね」「女《おんな》の子《こ》なのに強《つよ》いね」って言《い》ってた。当時《とうじ》のぼくには、その意味《いみ》がよくわからなかった。でも、気《き》づいたんだ。ぼくの身体《からだ》は女《おんな》なんだって。それから自分《じぶん》に嘘《うそ》ついて、女《おんな》の子《こ》のフリをしたよ。社会《しゃかい》が求《もと》める女《おんな》の子《こ》を演《えん》じたよ。でもね。やっぱりぼくは男《おとこ》だ。だから決《き》めた。女《おんな》、男《おとこ》とか、社《しゃ》会《かい》が決《き》めた肩書《かたが》きなんかどうでもいい。肩《かた》に乗《の》っかってるもの見《み》るやつよりぼくを見《み》てくれる人《ひと》を信《しん》じようって。別《べつ》にぼくのこと理解《りかい》してくれなんて思《おも》ってないよ。だから、今《いま》までも言《い》わなかったし。キモがってもらって結構《けっこう》です。

全員《ぜんいん》　……。

希琉星《きらり》　るいくん。かっこいいじゃーん。

暗転《あんてん》。

四場　告白《こくはく》

明転《めいてん》。音楽《おんがく》。それぞれが一人《ひとり》ぼっちでいる。

香子《かおるこ》　（うちわを持《も》っている）
桜《さくら》　（グローブとボールを持《も》っている）
大地《だいち》　（ネイルをしている）
葵己《あおい》　（ゲームをしている）
杏子《あんず》　（料理《りょうり》を食《た》べている）
愛海《あみ》　（本《ほん》を読《よ》んでいる）

六人《ろくにん》はゆっくりと立《た》ち上《あ》がり、

5人《にん》　わたし（ぼく）ってだれ？　……わたし（ぼく）は、

葵己《あおい》と香子《かおるこ》が携帯《けいたい》でラインする。
杏子《あんず》と桜《さくら》が携帯《けいたい》を見《み》る。ゆっくり暗転《あんてん》。
明転《めいてん》する。舞台上《ぶたいじょう》に杏子《あんず》がいる。希琉星《きらり》が力士《りきし》の格好《かっこう》で登場《とうじょう》。

希琉星《きらり》　（YouTube動画《どうが》を撮《と》りながら）どうもみんなこんちわーっす！　なんでこんな格好《かっこう》してるかって？　実《じつ》は、親友探《しんゆうさが》ししてるの。それと相撲《すもう》がなんの関係《かんけい》って感《かん》じ？　はい！　今日《きょう》の太郎《たろう》ちゃんです。（岡本太郎《おかもとたろう》の本《ほん》を出《だ》して）「自分《じぶん》の本当《ほんとう》のことをぶちまけて、ぶつかりあって、いい意味《いみ》での闘《たたか》いをする相手《あいて》、それが親友《しんゆう》だ」だって、ぶつかり、闘《たたか》い。スーモーでしょ。だから、今《いま》、わたしとスーモーしてくれる人探《ひとさが》し中《ちゅう》。発見《はっけん》しました！　はい、やるよ！
杏子《あんず》　ちょっと待《ま》って。
希琉星《きらり》　はっけよい、のこった！

●『壁を破る言葉』岡本太郎（イースト・プレス）

二人《ふたり》が相撲《すもう》をして、希琉星《きらり》が投《な》げ飛《と》ばす。

希琉星《きらり》　おっしゃー!!（手《て》を差《さ》し伸《の》ばして）ユーは今日《きょう》からマイベストフレンド!!

杏子《あんず》　何《なに》それ？

希琉星《きらり》　だからさ。「自分《じぶん》の本当《ほんとう》のことをぶちまけて、ぶつかりあって、いい意味《いみ》での闘《たたか》いをする相手《あいて》、それが親友《しんゆう》だ」よ。ユーは今日《きょう》からマイベストフレンド!!ってことで、次《つぎ》のベストフレンド探《さが》しに行《い》ってきまーす！（はける）

杏子《あんず》　なんだあれ。

葵己《あおい》が入《はい》ってくる。

葵己《あおい》　杏子《あんず》ちゃん。

杏子《あんず》　葵己《あおい》。

葵己《あおい》　遅《おそ》くなってごめんね。ん？　なんで泥《どろ》だらけなの？

杏子《あんず》　ちょっと相撲《すもう》とってた。

葵己《あおい》　なんで？

杏子《あんず》　マイベストフレンド探《さが》し。それよりどうしたの、話《はな》したいことって？

葵己《あおい》　実《じつ》はわたし、杏子《あんず》ちゃんにずっと内緒《ないしょ》にしてたことあって。

杏子《あんず》　何《なに》？

葵己《あおい》　わたし、本当《ほんとう》は……レズビアンなの。

杏子《あんず》　えっ。

葵己《あおい》　黙《だま》っててごめんね。何度《なんど》も言《い》おうと思《おも》ってた。でも、嫌《きら》われたらどうしようって考《かんが》えたら、ずっとできなくて。……でも、杏子《あんず》ちゃんは本当《ほんとう》の友達《ともだち》

杏子《あんず》　だと思《おも》ってるから。だから。
葵己《あおい》　……。
杏子《あんず》　(沈黙《ちんもく》に耐《た》えられなくなる)だよね。やっぱ変《へん》だよね。ごめん。
葵己《あおい》　葵己《あおい》。わたしも内緒《ないしょ》にしてたことある。
杏子《あんず》　何《なに》？
葵己《あおい》　実《じつ》はうちの親《おや》、離婚《りこん》しちゃったの。
杏子《あんず》　なんで？
葵己《あおい》　お父《とう》さんがゲイだったの。マジでビックリしたよ。最初《さいしょ》聞《き》いた時《とき》はふざけんなって思《おも》った。家族《かぞく》ぶっ壊《こわ》したパパも相手《あいて》のタイ人《じん》も許《ゆる》せなかった。ゲイなんて、すげーキモいし、考《かんが》えられないって思《おも》った。
杏子《あんず》　……。
葵己《あおい》　でもさ、るいくんの話《はなし》聞《き》いてしっかり考《かんが》えてみた。……葵己《あおい》。
杏子《あんず》　何《なに》？
葵己《あおい》　相撲《すもう》とろう！
杏子《あんず》　え？　なんで、なんの準備《じゅんび》もしてないよ。
葵己《あおい》　いくよ！　はっけよーい、のこった！

二人《ふたり》が相撲《すもう》をとりながら会話《かいわ》をする。

杏子《あんず》　なんで、今《いま》まで言《い》わなかったの？
葵己《あおい》　それは、嫌《きら》われるのが恐《こわ》くって。
杏子《あんず》　わたし、嫌《きら》うと思《おも》った？
葵己《あおい》　そんなことないけど。でも、キモいって。
杏子《あんず》　うん。最初《さいしょ》は思《おも》ってた。理解《りかい》できない。わからないって。

葵己《あおい》　だよね。
杏子《あんず》　うん。だから100%わかろうとするのやめた。
葵己《あおい》　えっ。
杏子《あんず》　今《いま》のわたしには全部理解《ぜんぶりかい》することはできない。でも、しっかり受《う》け止《と》める。まずそこから始《はじ》める。だから、葵己《あおい》、大丈夫《だいじょうぶ》だから。

杏子《あんず》が葵己《あおい》を投《な》げ飛《と》ばす。

杏子《あんず》　（手《て》を差《さ》し伸《の》ばして）あんたはマイベストプアン（フレンド）だから。
葵己《あおい》　ありがとう。
杏子《あんず》　よし、タイカレー食《た》べ行《い》こう！
葵己《あおい》　うん！

舞台《ぶたい》に香子《かおるこ》と桜《さくら》。

香子《かおるこ》　桜《さくら》ちゃん。ごめんね。いきなり呼《よ》び出《だ》して。
桜《さくら》　ううん。全然大丈夫《ぜんぜんだいじょうぶ》。
香子《かおるこ》　今日《きょう》、るいくんすごかったね。
桜《さくら》　うん。
香子《かおるこ》　どう思《おも》った？
桜《さくら》　えっ。……すごいなって。
香子《かおるこ》　だよね。……桜《さくら》ちゃん。
桜《さくら》　はい。
香子《かおるこ》　わたし、わたし、……あなたのことが好《す》きです！

桜《さくら》　えっ。
香子《かおるこ》　友達《ともだち》でって意味《いみ》じゃないです！　わたし、桜《さくら》ちゃんのことが大好《だいす》きなの。桜《さくら》ちゃんのそのかわいい服装《ふくそう》や仕草《しぐさ》や性格《せいかく》、全部大好《ぜんぶだいす》きなの。
桜《さくら》　香子《かおるこ》ちゃん。でも、わたし。
香子《かおるこ》　うん。わかってるよ。びっくりだよね。それに桜《さくら》ちゃんは男《おとこ》の子《こ》が好《す》きだろうしさ。でも、この気持《きも》ち、もう抑《おさ》えられなくて。わたし。
桜《さくら》　香子《かおるこ》ちゃん。……わたし、香子《かおるこ》ちゃんが言《い》ってるような人間《にんげん》じゃないんだ。
香子《かおるこ》　どういうこと？
桜《さくら》　わたし、本当《ほんとう》はフリフリの格好《かっこう》もかわいいもの探《さが》しもカフェ巡《めぐ》りも好《す》きじゃないの。……（手《て》を見《み》せる。手《て》には野球《やきゅう》でできたマメ）
香子《かおるこ》　それって？
桜《さくら》　これが本当《ほんとう》のわたしです。……ごめんなさい。（はける）
香子《かおるこ》　桜《さくら》ちゃん！

暗転《あんてん》。
チャイム。明転《めいてん》。

佐藤《さとう》　はーい。おはようございます。あれ？　今日《きょう》は欠席《けっせき》が多《おお》いな。大地《だいち》と桜《さくら》のこと、だれか聞《き》いてるか？

教室《きょうしつ》のドアが開《あ》く。そこにスカートを履《は》いた大地《だいち》が入《はい》る。

佐藤《さとう》　だれ？　大地《だいち》？
大地《だいち》　おはようございます。

佐藤《さとう》　あのう。どういうこと?
大地《だいち》　みんな、おはよう。
全員《ぜんいん》　……。
大地《だいち》　はい。そういうことです。ぼくは、こういうことですので、よろしく。

桜《さくら》が男子生徒《だんしせいと》の格好《かっこう》をして登場《とうじょう》。

桜《さくら》　遅《おそ》くなってすみません。
佐藤《さとう》　だれ?　桜《さくら》!?
桜《さくら》　おはようございます。(大地《だいち》を見《み》て、驚《おどろ》く)大地《だいち》くん?
大地《だいち》　おっはよ!
桜《さくら》　(理解《りかい》して)おはよう。みんな、おはよう。
愛海《あみ》　(動揺《どうよう》して)ええええええ!　どういうこと?
希琉星《きらり》　みんな、ぶっ飛《と》ぶねー!!
桜《さくら》　香子《かおるこ》ちゃん。これが本当《ほんとう》のわたしです。ごめんね。今《いま》まで嘘《うそ》ついて。
香子《かおるこ》　(動揺《どうよう》が隠《かく》せない)う、うん。
佐藤《さとう》　あれ、ハロウィンって9月《がつ》だったっけ?　ねえ、みんな。
希琉星《きらり》　まさにあの言葉《ことば》!「ありのままの、姿見《すがたみ》せるのよ」
大地《だいち》　その言葉《ことば》も岡本太郎《おかもとたろう》?
希琉星《きらり》　ううん。アナ雪《ゆき》。
大地《だいち》　アナ雪《ゆき》かい!
希琉星《きらり》　よーし!　相撲《すもう》だ!　相撲《すもう》!
るい　何言《なにい》ってるの?
希琉星《きらり》　大地《だいち》やるぞー!

大地《だいち》　いやあ、怖《こわ》い!!　でも、お・て・や・わ・ら・か・に♡
愛海《あみ》　やるんかい！

大地《だいち》が希琉星《きらり》と相撲《すもう》して、希琉星《きらり》をぶん投《な》げる。

希琉星《きらり》　(倒《たお》れたまま）あ・り・が・と・う♡　you are my best friend!《ユー　アー　マイ　ベスト　フレンド》
大地《だいち》　じゃあ次《つぎ》はー、
希琉星《きらり》　るいくん！　わたしとお願《ねが》いします。
愛海《あみ》　ぼく？
るい　お願《ねが》いします！
愛海《あみ》　いや、ぼくは、
るい　いいじゃーん。いくよ！（るいを立《た》たせて）はっけよい、のこった！
大地《だいち》

愛海《あみ》がるいと相撲《すもう》をとりながら会話《かいわ》をする。

愛海《あみ》　るいくん。
るい　はい。
愛海《あみ》　るいくん。
るい　はい。
愛海《あみ》　わたし、わたし、わたし、（ぶん投《な》げながら）好《す》きだ——！（るいに向《む》かって）あなたが好《す》きです!!
るい　でも、愛海《あみ》ちゃん。わかってる？　ぼくは、
愛海《あみ》　そんなの関係《かんけい》ないっす！　私《わたし》はるいくんが好《す》きです！

るい　……（手《て》を差《さ》し出《だ》して）よろしく。

大地《だいち》　カップル成立《せいりつ》ー！　おめでとう！　ヒューヒューヒュー。

希琉星《きらり》　よしこのまま授業《じゅぎょう》サボって外《そと》でスーモーだあ！

みんなが盛《も》り上《あ》がっているところに、香子《かおるこ》だけ入《はい》れない。

香子《かおるこ》　桜《さくら》ちゃん。

桜《さくら》　はい。

香子《かおるこ》　あ、いや、なんでもない。

大地《だいち》が桜《さくら》を連《つ》れていく。クラスに香子一人《かおるこひとり》。愛海《あみ》が来《く》る。

愛海《あみ》　香子《かおるこ》ちゃん。

香子《かおるこ》　愛海《あみ》ちゃん。

愛海《あみ》　桜《さくら》ちゃんとのこと聞《き》いたよ。

香子《かおるこ》　うん。わたし、ビックリしすぎて、桜《さくら》ちゃんに何《なに》も言《い》えなくって。

愛海《あみ》　わたしね。るいくんにカミングアウトされた時《とき》、何《なに》も言《い》えなかった。「女《おんな》の子《こ》なの？」「わたし、女《おんな》の子《こ》を好《す》きになったの？　信《しん》じられない」とか思《おも》っちゃった。でも、るいくんへのドキドキは止《と》まらなかった。わたし、レズビアンなのってちょっと悩《なや》んじゃった。でも、あの日《ひ》るいくんが言《い》ったことを聞《き》いて思《おも》ったの。自分《じぶん》がレズとか、レズじゃないとか関係《かんけい》ないって。今《いま》の自分《じぶん》を大事《だいじ》をしようって。……香子《かおるこ》ちゃん。あなたは桜《さくら》ちゃんのこと好《ず》き？

香子《かおるこ》　わたしは、（音楽《おんがく》が流《なが》れ始《はじ》める）わたし、ちょっと行《い》ってくる。

愛海《あみ》　がんばれー！　ぶつかってこい!!（二人《ふたり》はける）

少《すこ》しの間《ま》。（外《そと》にいる様子《ようす》が伝《つた》わる効果音《こうかおん》）桜《さくら》がゆっくり入《はい》ってくる。その後《あと》に香子《かおるこ》が入《はい》ってくる。

香子《かおるこ》　桜《さくら》ちゃん！

桜《さくら》　香子《かおるこ》ちゃん。大丈夫《だいじょうぶ》？

香子《かおるこ》　（息《いき》を切《き》らして）わたし、わたし、ごめんね。桜《さくら》ちゃんが本当《ほんとう》の自分《じぶん》を出《だ》してくれた時《とき》に返事《へんじ》ができなかった。

桜《さくら》　大丈夫《だいじょうぶ》だよ。

香子《かおるこ》　ううん。違《ちが》うの。わたしね。自分自身《じぶんじしん》が性《せい》に対《たい》して偏見《へんけん》をもっていたんだよ。桜《さくら》ちゃんが本当《ほんとう》は男《おとこ》の子《こ》だから、付《つ》き合《あ》えないとか考《かんが》えちゃった。でも違《ちが》うよね。男《おとこ》だとか、女《おんな》だとかじゃないんだよ。

桜《さくら》　香子《かおるこ》ちゃん。

香子《かおるこ》　ううん。最後《さいご》まで聞《き》いて。わたし、可愛《かわい》いフリフリな桜《さくら》ちゃんが好《す》きだった。でも、今《いま》は、春野桜《はるのさくら》さん、あなたが好《す》きです！

桜《さくら》　香子《かおるこ》ちゃん。

香子《かおるこ》　はい。

桜《さくら》　鼻血《はなぢ》。

香子《かおるこ》　えっ。いつから？

桜《さくら》　来《き》た時《とき》から。

香子《かおるこ》　うっそー。鼻血出《はなぢだ》したまま告白《こくはく》してたの？　超恥《ちょうは》ずかしい!!（頭《あたま》を抱《かか》える）

桜《さくら》　最悪《さいあく》だあ。はい。（タオルを渡《わた》す）

香子《かおるこ》　ありがとう。

桜《さくら》　香子《かおるこ》ちゃん。嬉《うれ》しかったよ。ありがとう。改《あらた》めまして、ぼくが春野桜《はるのさくら》です。
(自分《じぶん》の手《て》を差《さ》し出《だ》して)よろしく。

香子《かおるこ》　(握手《あくしゅ》して)わたしは七瀬香子《ななせかおるこ》です。

桜《さくら》　ごめん。そのタオル汗臭《あせくさ》いかも。

香子《かおるこ》　桜《さくら》ちゃんの匂《にお》い。うお——!

桜《さくら》　だ、だ、大丈夫《だいじょうぶ》ー?

他《ほか》のみんなも入《はい》ってくる。そして、一列《いちれつ》になり客席《きゃくせき》に向《む》かって。

香子《かおるこ》　私《わたし》の名前《なまえ》は七瀬《ななせ》　香子《かおるこ》。

愛海《あみ》　椿《つばき》　愛海《あみ》。

るい　桐生《きりゅう》　るい。

大地《だいち》　川野《かわの》　大地《だいち》。

希琉星《きらり》　元気《げんき》　希琉星《きらり》。

葵己《あおい》　鈴川《すずかわ》　葵己《あおい》。

杏子《あんず》　田中《たなか》　杏子《あんず》。

桜《さくら》　春野《はるの》　桜《さくら》。

全員《ぜんいん》　わたし(ぼく)はあなたが大好《だいす》きです!

ゆっくり暗転《あんてん》。

終《お》わり

【著者紹介】
原田　亮（はらだ　りょう）
俳優・演出・脚本・演劇活動家
演劇ユニットPlatanus（プラタナス）代表
こども劇団C.C.C.THEATER代表
website: https://ccc-theater.com/
連絡先：platanuses@gmail.com

高校卒業後、イギリスのロンドン・スターテックドラマスクールに留学し、その後アメリカ・サンフランシスコ州立大学演劇学部演劇学科卒業。2011年5月に帰国後、小学校の演劇クラブ指導を機に児童演劇の世界へ。2017年にこども劇団C.C.C.THEATERを立ち上げ50人以上の小学生から大学生までの児童・青少年たちへ演劇指導を行っている。また、小中学校から他劇団など、アマチュアからプロまで幅広く演劇ワークショップを行っている。
演劇ユニットPlatanusで小中学校演劇公演や演劇祭に参加。
留学経験を活かし、海外の多くの児童作品や演劇祭などにも参加している。

Platanus作品集
（YouTube）

C.C.C.THEATER作品集
（YouTube）

学芸会・発表会・演劇クラブ
演劇のプロがつくった　児童劇シナリオ
舞台の魔法で培う対話力・共感力

2023年8月初版第1刷刊　©著　者　原　田　亮
発行者　藤　原　光　政
発行所　明治図書出版株式会社
http://www.meijitosho.co.jp
（企画）佐藤智恵・芦川日和（校正）nojico
〒114-0023　東京都北区滝野川7-46-1
振替00160-5-151318　電話03(5907)6703
ご注文窓口　電話03(5907)6668
＊検印省略　組版所　株　式　会　社　明　昌　堂

Printed in Japan　ISBN978-4-18-300627-1